心理学核心课

社会心理学
SOZIALPSYCHOLOGIE

[德]托比亚斯·格赖特迈尔 著
Tobias Greitemeyer

陆丽娟 译

上海社会科学院出版社

致 谢

我衷心感谢我的父亲曼弗雷德·格赖特迈尔(Manfred Greitemeyer),他仔细校对了所有章节并提供了许多注解和建议。此外,我还要感谢两位出版人玛丽亚·冯扎利席(Maria von Salisch)和贝恩德·莱普洛(Bernd Leplow),他们提供了宝贵的内容建议。最后,我想感谢编辑乌尔丽克·默克尔(Ulrike Merkel)的全面审查意见,最后润色了本书。

目 录

引 言 /001

第1章 社会心理学的研究主题和方法 /003
1.1 什么是社会心理学？ /003
1.2 社会心理学是一门科学 /004
1.3 社会心理学的研究方法 /005
总结 /010
推荐阅读 /010
自我评估问题 /010

第2章 自我 /011
2.1 自我概念 /012
2.2 自尊 /013
2.3 自我调节 /016
总结 /018
推荐阅读 /019
自我评估问题 /019

第3章 社会认知 /021
3.1 如何控制我们的感知图式 /022
3.2 图式如何影响自动行动 /025
3.3 判断启发式 /027
总结 /030
推荐阅读 /030

自我评估问题 /031

第 4 章 社会知觉 /032
4.1 印象形成 /032
4.2 归因(原因归因) /037
总结 /043
推荐阅读 /043
自我评估问题 /044

第 5 章 态度 /045
5.1 态度：定义、评估和起源 /046
5.2 态度和行为 /048
5.3 态度改变 /054
总结 /056
推荐阅读 /056
自我评估问题 /057

第 6 章 社会影响 /058
6.1 社会影响的类型 /058
6.2 影响策略 /061
6.3 角色的影响 /063
6.4 从众 /064
6.5 服从 /067
总结 /070
推荐阅读 /070
自我评估问题 /071

第 7 章 偏见 /072
7.1 定义 /072
7.2 偏见的形式 /074
7.3 偏见的成因 /075

7.4 对相关人员持刻板印象的后果 /077

7.5 对策 /079

总结 /081

推荐阅读 /081

自我评估问题 /082

第 8 章 群体 /083

8.1 在他人面前的个人表现 /083

8.2 在群体中的个人表现 /085

8.3 群体表现 /086

8.4 群体评价与决策 /089

总结 /092

推荐阅读 /092

自我评估问题 /093

第 9 章 人际吸引力及恋爱关系 /094

9.1 归属感 /094

9.2 人际交往 /095

9.3 浪漫关系 /101

总结 /104

推荐阅读 /104

自我评估问题 /105

第 10 章 帮助行为 /106

10.1 我们为什么提供帮助？/107

10.2 我们什么时候提供帮助？/110

10.3 谁提供帮助？/112

10.4 谁得到了帮助？/114

10.5 如何增加帮助的意愿 /115

总结 /116

推荐阅读 /117

自我评估问题 /117

第11章　攻击行为 /118
　　11.1　攻击行为的情境决定因素 /119
　　11.2　攻击行为的个人决定因素：哪些人比其他人更具攻击性？ /122
　　11.3　人与情境之间的相互作用 /125
　　11.4　整合模型 /126
　　11.5　如何减少攻击行为？ /127
　　总结 /128
　　推荐阅读 /128
　　自我评估问题 /129

参考文献 /130

引 言

新的大学课程需要新书！学士和硕士不仅是学士教育或硕士教育的简称，而且代表一些新的东西。所以现在的模块是独立且相互依赖的。所有模块都有教学和学习目标，并且比以前更准确地说明了哪些主题和方法要加以讨论。模块考试的方式、范围和题目也都是来源于这些信息。不同模块的组合产生了新的学士和硕士学位课程，这些课程在心理学上是连续的，同时也相互依赖。"心理学概要"(Grundriss der Psychologie)系列的内容主要集中在学士学位课程的有限学科领域。

由于学士学位课程涵盖了心理学专业知识的基础知识，因此我们关心的是，"心理学概要"系列中的每一卷都可以在不借助其他心理学领域的知识的情况下阅读。概要系列的每一卷都以德国心理学会(DGPs)在2005年为改良心理学教学建议的内容模块为指导。这为学生提供了广泛的基础知识，这些知识揭示了丰富多彩的心理学中最重要的那些领域。这不仅使学生过渡建立在此基础上的心理学硕士课程成为可能，而且可以帮助学生从事心理辅导领域的第一份职业。

心理学学士学位为与工作相关的任职资格提供了特有的便利。不过，其他职业工作者也可以把心理学学士学位教育作为补充，并从中受益。无论哪里，只要人类行为和经历影响决策过程，扎实的心理学基础知识都会有所帮助。从专业新闻到教育和健康领域，以及有着各种各样经营利润的经济领域，从建筑和工程科学到军队和警察的领导地位，这些领域都涉及心理学。2008—2009年的金融和经济危机只是行为因素对社会进程产生巨大影响的一个例子。就这点而言,科学心理学提供了一个可以积极影响社会的框架。因此,来自经典心理学工作领域以外的学生和从业者也可以从心理学学士学位中受益。每一卷的编写方式使读者获取心理学基础知识时可以不受任何先决条件的限制,所以它们也适合其他专业群体的工作人员学习。

每章都有清晰的结构,并以简明的小结结束。推荐阅读和自我评估问题使这些章节更加完善。"题外话"和"举例"也被放进来作为进一步学习和辅助理解的工具。在一些章节中还可以找到"定义",并且在适当的情况下,"备注"强调了特别重要的内容。

我们要感谢已经离任的编辑们在本系列中鼓舞人心的工作,我们希望继续吸取他们的经验,并采取他们宝贵的建议。祝愿读者能够在"心理学概论"系列丛书中获得多样的见解和成果。

玛丽亚·冯扎利席
贝恩德·莱普洛

第 1 章

社会心理学的研究主题和方法

> **内容**
>
> 社会心理学是一门研究人在社会情境中的经历和行为的经验科学,主要使用三种科学方法:描述性、相关性和实验方法。许多前人开展过的实验会在元分析中得到总结。

1.1 什么是社会心理学?

玩暴力电子游戏会导致现实生活中的后续暴力行为吗?你喜欢伴侣性格与你相似还是互补?应该由个人还是团队做决定?烟盒上面的警告如"吸烟有害健康"对于吸烟者戒烟的影响有多大?这些都是社会心理学会讨论的问题。

社会心理学家们研究人类依赖于他人时所展现出的**经历**和**行为**。那么,人类的经历和行为多大程度上受**社会环境**的影响?

> **定义**
>
> 社会心理学试图理解和解释个人的想法、情绪和行为方式如何受到想象或实际存在的其他人的影响(Allport, 1954b)。

社会心理学的目标研究领域包含人类互动中的广泛部分：
- 我们如何看待自身以及周围的环境？
- 我们多大程度上受其他人影响？
- 我们是否会因其团体归属而歧视他人？
- 在与其他人的合作中我们能有多成功？
- 我们什么时候准备好帮助别人？
- 我们什么时候会伤害他人？

1.2　社会心理学是一门科学

与纳米技术或无机化学等科学不同，所有人都非常熟悉社会心理学的话题。让我们思考如下三项社会心理学的观点：
- 在电视上观看拳击比赛减少了后续自己的攻击性冲动。
- 处在糟糕情绪中的人，与中性情绪的人相比，更不愿意帮助有需要的人。
- 在玩一个被禁止玩的玩具时，被轻微惩罚威胁的儿童，会认为玩具的吸引力高于受到严重惩罚威胁的儿童。

所有这些观点对我们来说都不足为奇。因此，人们经常质疑社会心理学是否是一门实证**科学**，因为它不能证实除"常识"以外的假设。

人们原本可以预测到社会心理学所研究出的许多实验结果，但仍然有一些不能被预测到，并且人们经常会高估某个事件的可预见性（Fischhoff, 1975）。我们再次思考上面提到的三项观点。事实上，它们都是错误的，情况恰恰相反（Aronson & Carlsmith, 1963; Carlson & Miller, 1987; Philips, 1983）。

> **备注**
>
> 经过科学的检验后发现，日常假设往往是错误的。

人类关于社会行为和社会影响的日常知识并不总是正确的，需要进行科学的检验。这就由社会心理学通过适当的**科学方法**对假设进行批判性检验来完成。

> 📑 **备注**
> 与"常识"相反,社会心理学使用科学的方法检验假设。

1.3 社会心理学的研究方法

为了检验假设是否成立,社会心理学家们使用各种科学研究方法。在研究中,主要使用**描述法**、**相关法**和**实验法**。对已经进行过的研究的总结性分析称为**元分析**。

1.3.1 描述法

检验假设是否成立的一种方法是描述特定现象的发生频率。这可以通过观察、问卷调查或档案研究来完成。举个例子,在学校中发生攻击行为的频率如何?

- 例如,在一项观察性研究中,一名或多名训练有素的科学家观察儿童在校园里的行为,并使用预先确定的标准对所表现的行为进行编码。
- 科学家可以向教师分发调查问卷,以获取有关课堂攻击行为的信息。
- 在档案研究中,科学家们常使用官方统计数据,例如,儿童在校行为。

1.3.2 相关法

描述法可以帮助获得有趣的见解。但是,它不能得出两个(或更多)变量之间的可能关系的任何结论。例如,在某些季节,校园攻击的发生频率是否高于其他季节?一个人的外表与他/她在紧急情况下受到帮助的频率之间是否存在关系?一个人的工资取决于他的自尊吗?

可以使用相关法来回答这些问题。与描述法一样,可以通过观察、问卷调查或档案分析来掌握变量。与描述法不一样的是,相关法还可以得到关于变量间关系的结论。知道一个变量(例如,一个人有多好看),就可以做出对另一个变量的预测(例如,他/她在紧急情况下有多大可能会受到帮助)。

> 📑 **备注**
> 通过计算相关系数掌握两个变量之间的关系。

相关系数用从＋1.0到－1.0的值表示，**符号**表示相关关系是正向还是负向。正相关意味着一个变量的增长和另一个变量的增长相关联，而负相关表明两个变量变化的方向不同（当一个变量增长时，另一个则减小）。**绝对值**表示两个变量之间关系的强度。该值越大，两个变量的关联性越强。于是人们可以更好地基于一个变量的特征预测另一个变量的特征。相关系数1.0表示两个变量之间存在完美的关系，了解一个变量的特征就可以精确预测另一变量的特征。但是，由于两个变量几乎不会完全相关联，因此我们将在后续章节中学到的大部分相关系数不会接近＋1.0或－1.0。Cohen（1988）认为，两个心理学变量之间关系的大小可分为以下几类：

- 较低程度相关：$r = .10$
- 中等程度相关：$r = .30$
- 较高程度相关：$r = .50$

我们在后续章节中谈到较低、中等、较高程度相关的时候，就会参考这个分类。

相关法有很多优点：当变量不能被诱导产生（例如性别或年龄）或者因为道德上的原因必须在实验室情境下被唤起（例如暴力或虐待）的时候，通过相关法可以理解变量之间的相互关系。然而，相关法有着致命缺点：无法得出变量间**因果关系**的结论。

📦 举例

来看一个假设，在贫富差距较大的国家会出现更严重的社会问题（Wilkinson & Pickett, 2009）。为了验证这一假设，Wilkinson和Pickett报告了一系列社会问题（如肥胖、药物滥用或年轻人早孕）以及不同国家财富的均匀或不均匀分配。事实上，社会不平等（而不是平均收入）与一系列社会问题的出现有关。例如，美国公民（收入差距较大的社会）肥胖的可能性是日本公民（收入差距相对较低的社会）的6倍。你会得出社会不平等造成肥胖的结论吗？

也许，但也不是一定是这样。两个变量X和Y之间的相关性有三种可能的解释：

- X是Y的原因。
- Y是X的原因。

- X 和 Y 之间没有因果关系，X 和 Y 之间的关系是由第三个变量 Z 引起的。

因此，社会不平等与肥胖之间的显著相关性可能意味着社会不平等确实导致肥胖。但肥胖也可能导致社会不平等（例如，肥胖的人从雇主那里获得的收入较少，而且比正常体重的人更容易被解雇）。最后，**第三个变量**，如受教育水平，可以解释社会不平等与肥胖之间的联系：伴随着社会不平等和肥胖而来的是较低的受教育水平。因此，相关法仅在有限条件下适用于解释心理过程。

> **备注**
> 相关性不应被解释为因果性的观点！

1.3.3 实验法

为了研究因果关系可以选择实验法。实验者在实验的帮助下研究一个或多个**自变量**对一个或多个**因变量**的影响。

> **备注**
> 研究者选用不同的自变量以考察其对因变量的影响作用。因变量由研究者进行测量。

例如，Isen 和 Levin(1972)研究了积极情绪（自变量）对帮助行为（因变量）的影响。被试的情绪是做了差异化处理的，因为一些被试在电话亭中发现了硬币（"积极情绪"状态），而其他被试没有发现硬币（"中性情绪"状态）。当被试离开电话亭时，实验者的同事（所谓的**同盟者**，我们将在后面一次又一次地使用这一术语）故意掉落了一堆文件。实验表明，84%处于积极情绪状态的被试和4%处于中性情绪状态的被试会帮助捡起文件。

为了确保在两个实验条件下确实是被试的不同情绪导致了帮助行为的差异，实验者控制实验程序，即将被试随机分配到两个实验条件是必要的。

实验者控制实验程序意味着所有被试都暴露于相同的情境条件，除了自变量。例如，在 Isen 和 Levin 的研究中，所有被试都是离开同一个电话亭，同盟者总是掉落相同数量的文件。此外,同盟者并不知道被试有没有发现硬币。这样可以排除他对被试行为或多或少的有意识的影响。在两个实验条件下,被试的唯一区别是一组发现了一枚硬币而另一组没有。所有其他处境都保持不变。因此,两个实验组之间帮助行为的差异是由实验条件的差异造成的。

由于有些人本就比其他人更乐于助人,因此必须确保并非所有乐于助人的人都被分到了"积极情绪"条件组,以及不那么乐于助人的人都被分到了"中性情绪"条件组。这可以通过将**被试随机分配**到两个实验条件来实现。也就是说,所有被试被分配到条件1或条件2的可能性必须是一样的。这样就可以相对可靠地排除这种可能性,即由于已经在实验条件前就存在的"积极情绪"条件组比"中性情绪"条件组更高的帮助意愿造成了被试的助人行为差异。

> 📖 **备注**
>
> 实验情境中除了自变量外的所有方面都要保持一致,并且按照随机原则将被试分配到不同的实验条件下。

统计显著性

上述研究表明情绪诱导对被试的助人行为有明显影响(84%与4%相比)。积极情绪确实促进了助人行为,还是说,只是碰巧很多被试被分配到"积极情绪"条件下,而这种积极情绪不是因为情绪诱导产生的。虽然基于随机原则分配被试到实验条件下,他们的帮助行为不太可能在情绪诱导前存在差异,但仍然不能排除这一可能性(特别是对于小样本)。因此,需要给出**显著性水平**(p值),说明实验条件下不同助人行为存在偶然性的可能性。

在(社会)心理学中存在一个约定俗成的看法,某个结果具有**统计显著性**,则意味着如果某个结果(例如平均值或相关性)偶然发生的可能性小于5%,就被视为是有意义的。我们在后面章节中谈到显著性效应时,就意味着这相对不太可能(可能性低于5%)是偶然性事件。

> 📖 **备注**
>
> 如果偶然性事件发生的可能性小于5%,则称某种效应具有统计显著性。

实验的效度

此外，实验的质量可以通过有效性（内部效度）以及对其他人和情况的可推广性（外部效度）来检验。

如果实验者的控制和随机分配都没问题，**内部效度**应在一个较高的水平。就此人们可以推测，不同实验条件之间因变量的差异是由自变量的差异决定的。

📖 **备注**

实验的内部效度：在多大程度上因变量的变化可以明确归因于自变量的变化？

出于经济原因，许多社会心理学研究是在以心理学学生作为被试的实验中进行的。然而，社会心理学家对揭示心理学规律感兴趣，而这些规律不仅适用于实验者构建的情境中的心理学学生，而且适用于现实生活中的所有人。**外部效度**说明了实验结果可被推广到其他情况和人群的程度。社会心理学家非常清楚实验结果的外部效度的重要性，所以经常在科学出版物中一起报告在自然环境中对非学生进行的研究（所谓的**实地研究**）以及实验室研究的结果。

📖 **备注**

实验的外部效度：实验结果可以在多大程度上被推广到其他情况和其他人群？

1.3.4 元分析

社会心理学家通过描述性、相关性和实验性研究来检验他们的假设。另一种假设检验的方法是对研究某个问题的现有研究的分析。在元分析中，前人研究的结果将被平均，由此确定是否存在显著效应以及这种效应的程度。元分析往往被发表在最佳的（社会）心理学期刊上。在接下来的章节中，我们将经常讨论元分析的结果。

📖 **备注**

元分析：将两次或两次以上的研究结果进行平均的统计学技术。

总结

　　心理学研究人们的经历和行为,而社会心理学研究依存于社会环境中的人。社会心理学的核心主题是社会行为和社会影响。社会心理学是一种经验科学,因为它使用科学方法检验其假设。描述法研究特定现象的发生频率,相关法确定不同变量之间的关系,实验法提供有关因果关系的说明。元分析总结前人研究的结果。

推荐阅读

Aronson, E., Ellsworth, P. C., Carlsmith, J. M. & Gonzales, M. H. (1990). Methods of research in social psychology. New York: McGraw Hill.

Huber, O. (2005). Das psychologische Experiment. Eine Einführung (4. Aufl.). Bern: Huber.

Kruglanski, A. W. & Stroebe, W. (Hrsg). (2011). Handbook of the history of social psychology. New York: Francis & Taylor.

Pelham, B. W. & Blanton, H. (2007). Conducting research in psychology: Measuring the weight of smoke (3. Aufl.). Belmont, CA: Wadsworth/Thompson Learning.

自我评估问题

1. 什么是社会心理学?
2. 社会心理学在多大程度上是一门科学学科?
3. 描述法、相关法和实验法分别有哪些优缺点?
4. 实验何时具有较高的内部效度?实验者必须特别注意哪两个方面?
5. 在元分析中会做什么?

第 2 章

自　　我

> **内容**
>
> 自我指以自己作为关注的对象,并涵盖各个方面。在本章中,我们讨论自我概念、自尊和自我调节。自我概念是指一个人对自己的了解。自尊反映了一个人对自己的满意程度。自我调节涉及展现受欢迎的行为并能够抵抗不受欢迎的冲动的能力。

大多数人喜欢体验和传播八卦。话题主要是朋友和熟人,也有不认识的名人。我们参与八卦的意愿反映了我们对他人的极大兴趣。然而,相比其他人,我们对与自己相关的一切更感兴趣。你可能熟悉这样一种现象:你全神贯注于聚会中的生动对话。但是突然之间,你听到你的名字出现在另一个对话中。这种所谓的**鸡尾酒效应**意味着即使在声音混乱的情况下,人们也可以过滤出重要的信息。而且,几乎没有什么比了解与你自己相关的东西更重要。与大多数人对自我的极大兴趣相符,已经有成千上万的社会心理学研究涉及自我主题。自我涵盖了各个方面。在本章中,我们将讨论其中的三个。我们讨论有关你自己的知识(自我概念),对自己的评价(自尊)以及对自己行为的控制(自我调节)。

2.1 自我概念

自我概念可以理解为自我的**内容**。它包括关于我们自己的所有知识。例如，你认为自己对政治很感兴趣，外向且性格友好。对我们大多数人来说，没有什么比你自己更重要，因此可以假设其他人也同样专注于审视自身并深入研究自己的形象。

> 📦 **举例**
>
> 你被邀请参加聚会，你正在考虑穿什么。你选择了特定的服装，但却陷入沉思：你的朋友会如何评价你的着装。所以你还会试穿其他服装。经过多个来回，你终于去参加聚会了，但是仍然担心你的衣服是否会引起其他参加聚会的客人的好感。但是，其他人是否真的会对你穿的衣服那么关注呢？

Gilovich 及其同事(Gilovich, Medvec & Savitsky, 2000)对此问题进行了调查，要求被试穿着印有名人照片的T恤。在被试与其他人短时间待在一起后，他们被问到有多少人会记得T恤衫上的那个人。平均而言，被试猜想大约每两人中有一人可以正确识别T恤上的那个人。实际上，甚至没有十分之一的人能够做到这一点。这是所谓的聚光灯效果的一个例子。

> 📄 **定义**
>
> 聚光灯效应意味着人们高估了他人对自己外表的专注度。

在进一步的研究中，Gilovich 及其同事(Gilovich, Savitsky & Medvec, 1998)研究了感知他人情绪状态的准确度。在一项研究中，被试被要求测试不同饮料的味道。此味觉测试由另外10个人观察。待品尝的饮料中有五种的味道令人非常不愉快，而中性味道有10种。对于所品尝的所有饮料，被试应尝试保持中性的面部表情。实验中要求被试猜测，10个观察者中有多少人可以通过面部表情分辨出该饮料是否具有令人不愉快的味道，然后将其与观察者的实际判断准确性进行了比较。与聚光灯效果相似，研究表明，被试高估了其他人猜测自己的情绪状态的准确度。

人们能多准确地预测自己的情绪状态？一般而言，人们可以较好地估计什么使他们感到高兴、什么使他们感到不高兴。我们知道考试通过会振奋精神，而考试不通过则会压抑我们的情绪。但是，我们倾向于高估我们对未来事件的情绪反应的强度和持续时间(Wilson & Gilbert, 2003)。

> **举例**
>
> 多特蒙德足球俱乐部的球迷肯定可以正确地预测，如果他们的俱乐部在很久之后再次成为德国冠军，他们会很高兴。但是，在大多数情况下，快乐可能并不那么强烈，而快乐的消散速度比预期的快。冠军庆祝活动以及随之而来的一切都非常美好，但对于大多数人而言，生活并不仅仅由足球组成。赢得冠军的喜悦可能因为工作中的愤怒或与从未体会过对俱乐部的热情的伴侣之间的争执而蒙上阴影。

因此，仅仅由一个事件决定我们的幸福感的情形很少出现。在大多数情况下，我们的日常幸福感取决于大量事件。但是，在预测我们的感受时，我们对此意识不足。在预测对某个未来事件的情绪反应时，人们专注于该事件，并低估其他事件对幸福感的影响程度(Wilson, Wheatley, Meyers, Gilbert & Axsom, 2000)。

> **备注**
>
> 总体而言，我们对自己的认知是鲜明的。但是，我们大多会高估了解自己的程度。

2.2 自尊

一个人的自尊反映了该人对自己的印象。
- 你对自己的满意度如何？
- 你对自己的态度有多积极？
- 在多大程度上你认为自己具有良好的素质？

你对这些问题回答"是"的情况越多，你对自己的看法就越积极。诸如此类的问题被用于获知一个人的**外显自尊**(Rosenberg,1965)。这样,人们可以知道对自己的有意识的评价。而你对自己的无意识评价代表着**内隐自尊**。你评价这些与自身或多或少紧密相关的对象时,你对这些和自己紧密相关的对象的感受越积极,你的内隐自尊就越积极。外显和内隐的自尊仅适度相关。因此,可以想象一个人的外显自尊较高,但内隐自尊较低(反之亦然)。在意识水平上,这个人对自己感到满意。然而,他对自己的无意识评价结果却是不好的。

2.2.1 外显自尊

大多数人具有高外显自尊。Rosenberg自尊量表是记录外显自尊的最常用量表,由10个项目组成。通常为1到4点量表,因此平均值为25,最小值为10,最大值为40。在大多数研究中,被试的平均值均远高于量表的平均值。在Twenge和Campbell(2001)的一项大规模研究中,大学生的平均值接近33。因此,下文中当我们谈论自尊高的人时,他们在自尊量表上的值很高,而自尊低的人在自尊量表上取得的值较为适中。

> **备注**
>
> 西方文化中的大多数人具有高外显自尊。

在意识水平上,我们大多数人都表示对自己和自己的特点非常满意。有高自尊的人在许多方面都是有益的。高自尊与总体幸福感和生活满意度息息相关。此外,高自尊的人往往会在失败后坚持下去,不会因挫折而气馁(McFarlin, Baumeister & Blascovich, 1984)。

1980年前后,自尊心的提高,尤其是在美国,被视为解决社会问题(例如滥用毒品、青春期怀孕、犯罪)的一种手段。(使用了诸如"Uniquely Me!"之类的程序,该程序应该可以提高自尊心。)一方面,这些程序非常成功:尽管采用典型的外显自尊量表衡量的自尊在引入这些程序之前就已经很高,但近年来自尊心又有所增加(Gentile, Twenge & Campbell, 2010)。但是,另一方面,美国的大多数社会问题还是持续存在甚至恶化(例外是犯罪率和对社会救助的依赖:近年来两者都在下降)。然而,值得怀疑的是,自尊的增加是否真正导致了这一点。因此,一些作者(例如Baumeister, Campbell, Kruger & Vohs, 2003)认为,自尊在人们和整个社会的福祉中的作用被高估了。相反,研究者建议增加人类的自我调节技能。在进行自我调节之前,让我们首先讨论内隐自尊。

2.2.2 内隐自尊

举例

你对字母表中的字母喜欢程度如何？请使用1到9的等级。1表示根本不喜欢;9表示非常喜欢。当然,你也可以选择介于两者之间的数字。你将在下面了解如何解释这些值。

A_	N_
B_	O_
C_	P_
D_	Q_
E_	R_
F_	S_
G_	T_
H_	U_
I_	V_
J_	W_
K_	X_
L_	Y_
M_	Z_

与外显自尊相反,内隐自尊是在无意识水平上记录的。因此,内隐自尊衡量一个人对自己的满意程度,而又没意识到自己的自尊。具体而言,内隐自尊是通过评估与你的自我或多或少相关的对象来衡量的。例如,要求被试根据其吸引力对字母表中的所有字母进行评分。将自己姓名首字母的评估与所有其他字母的评估进行比较。对于本书的作者,可以将字母T和G的评估与其余24个字母的评估进行比较。(如果名字和姓氏以相同的字母开头,请将此字母的等级与其余25个字母的等级进行比较。)如果你已经编辑了上面的示例,现在可以将首字母的等级与其他字母的等级进行比较。你的姓名首字母相对于其他字母的积极程度越高,内隐自尊就越高。

与外显自尊类似,通常可以发现大多数人具有很高的内隐自尊(Nutin,

1985)。因此,大多数人喜欢与自己相关的对象。这种趋势被称为**内隐自大**(Pelham, Carvallo & Jones, 2005),这在行为层面产生了有趣的后果。Pelham及其同事表明,内隐自大会影响重要的人生决定。住在哪里,从事哪种职业以及与谁结婚的决定部分取决于你自己的名字。例如,一个名叫马尔库斯(Markus)的人经常不经意地搬到曼海姆(Mannheim),做经纪人(Makler)并与玛蒂娜(Martina)结合。另一方面,名叫斯蒂芬妮(Stefanie)的人更有可能搬到斯图加特(Stuttgart),担任检察官(Staatsanwältin),然后嫁给斯蒂芬(Stefan)。一些读者可能会对这些发现感到惊讶。当然,这样的决定受多种因素的影响,并且某些因素肯定会比你的名字的首字母扮演更重要的角色。但是,由于各种研究相对一致地表明,你自己的名字是这种相似性衔接的一部分。

> **备注**
>
> 内隐自大指出,重要的人生决定会受到与自我相似程度的影响。

2.3 自我调节

自我调节(通常也使用术语**自我控制**)是指表现出所需行为并抵抗不希望的冲动的能力。不幸的是,不必要的冲动是我们日常生活的重要组成部分。

> **举例**
>
> 玛努埃拉现金短缺,因此着手避免大笔开支。她最好的朋友问她,在即将到来的学期假期是否愿意去希腊诸岛旅行。
>
> 贝尔恩德希望在下一次社会心理学考试中获得良好的成绩,因此希望整夜学习。另一方面,他的室友去参加聚会并敦促他去。
>
> 克莉丝汀锻炼身体,并定期跑步。她也为今天计划了,只是外面下着大雨。

这些不同的情况有一个共同点,即有关人员会遭受他们实际上想要抵抗的诱惑。从人格心理学的角度来看,人们在抵抗这种冲动的能力上存在很大的个体差异(Tangney, Baumeister & Boone, 2004)。

这种稳定的自我调节技能会带来许多积极的副作用。自我调节能力强的人不太容易酗酒,自尊心更高,心理问题更少,人际交往能力更好,对人际关系也更满意,攻击性和暴力倾向更小,并且在测试中更成功(Tangney et al., 2004)。

有趣的是,情境也影响一个人的自我调节能力。根据 Muraven 和 Baumeister(2000)的观点,自我调节可以被视为**一种有限资源**:它就像会疲劳的肌肉一样起作用。完全不同的自我调节活动会使用相同的资源。如果将此资源用于一项任务,则你的自我调节技能较低,因此无法成功抵抗不想要的冲动。结果,那些节食并且不得不放弃卡路里高的食物的人所做的事情可能会更少,感到不愉快。

> **备注**
> 随着需要意志力的工作量的增加,控制自己的能力也会降低。

但是,处理第一个自我调节任务只会对也需要自我调节技能的后续任务产生降低表现的影响,对不需要抑制有害冲动的任务则不会产生影响。Schmeichel,Vohs 和 Baumeister(2003)检验了以下假设:自我调节任务之后是高认知能力要求任务而不是低认知要求任务时,认知任务表现会受影响。在一项研究中,向所有被试放映了一部胶卷,无关的单词以不规则的间隔淡入淡出。使用自我调节技能的被试应控制他们的注意力。他们被告知不要看这些单词。对照条件下的被试未收到有关这些单词的说明。然后,被试完成一项要求很高的阅读理解任务和一项要求不高的记忆任务。不出所料,检查自己的注意力会降低以后在苛刻条件下的表现,但在要求不高的任务中却没有这种现象(见图 2.1)。

个人意识到自我调节是一种有限的资源。如果在完成第一个自我调节任务后,被试预期自己需要自我调节技能以应对未来的任务,那么他们在中级自我调节任务上的表现将比没有进一步自我调节任务的个体差(Muraven, Shmueli & Burkley, 2006)。因此,你会有意识地将自己的力量用于后续任务。

最近的研究(Gailliott & Baumeister, 2007)表明,**葡萄糖**(血糖水平)是限制能量的来源,导致后续自我调节任务的表现下降。进行自我调节任务会消耗

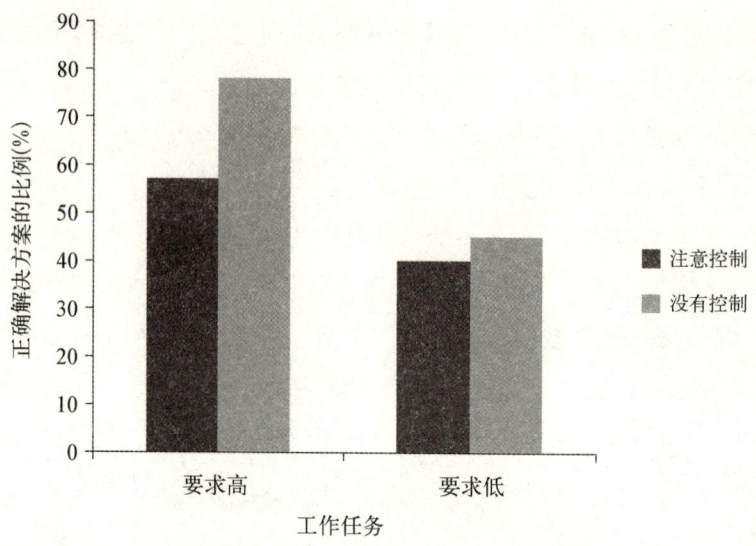

图 2.1 运用自我调节技能后,要求高和要求低的任务的正确解决方案的比例

资料来源:根据 Schmeichel et al., 2003。

葡萄糖。减少的葡萄糖反过来又降低了需要自我调节技能的任务的后续表现。在短期内,葡萄糖饮料可以恢复你对自己行为的控制。但是,从长远来看,训练自己的自我调节技能更有希望(Baumeister, Gailliot, DeWall & Oaten, 2006)。就像可以在健身房锻炼肌肉一样,你可以长期提高自我调节能力。因此,如果你经常无法忍受专心学习考试,可以通过提高自我调节能力来提高将来的成功率。

总结

对于许多人来说,最重要的话题是作为沉思对象的人,即自我。自我由不同的方面组成。自我概念是认知方面,涵盖了所收集的关于自身的知识。大多数人高估自己的人格和外貌对他人的重要性。你可以从这个方向很好地预测你的感觉,但是会高估你对未来事件做出反应的强度和持续时间。自尊是情感方面,反映了你对自己的满意程度。可以将外显自尊与内隐自尊区分开。外显自尊是对自己的知情评估,通过直接询问人们对自己的满意程度来记录。在西方文化中,通常个体的自尊超过规模平均水平。因此,大多数人说他们对自己很满意。内隐自尊代表对一个人的无意识评估,体现为个体对事物的积极或消极评价,与个体对自身评价有着不同程度的相关。外显和内隐自尊仅适度相关。但是,像外显自尊一样，内隐自尊对大多数西方文化的人都是积极的。大多数人具有很高的内隐自尊，这一事实影响着重要的人生决定。居住地点、职业和伴侣的选择取决于与自己的姓名缩写的相似程度。自我调节是自我的指导性方面，并伴随着各种积极的人际内部和人际关系。在人们如何成功抵抗不想要的冲动方面，个体之间存在稳定的差异。自我调节能力是可变的，因为它们在压力后会疲倦。即使两个任务不同，处理使用自我调节技能的任务也会降低后续任务中的表现，该任务也需要自我调节。长期使用自我调节技能可以增强能力。

推荐阅读

Baumeister, R. F., Campbell, J. D., Krueger, J. I. & Vohs, K. D. (2003). Does high self-esteem cause better performance, interpersonal success, happiness, or healthier lifestyles? Psychological Science in the Public Interest, 4, 1–44.

Baumeister, R. F., Vohs, K. D. & Tice, D. M. (2007). The strength model of self-control. Current Directions in Psychological Science, 16, 396–403.

Greve, W. (Hrsg.). (2000). Die Psychologie des Selbst. Weinheim: PVU.

Pelham, B. W., Carvallo, M. & Jones, J. T. (2005). Implicit egoism. Current Directions in Psychological Science, 14, 106–110.

Schütz, A. (2003). Selbstwertgefühl. Zwischen Selbstakzeptanz und Arroganz (2., überarb, Aufl,). Stuttgart: Kohlhammer.

Tangney, J. P., Baumeister, R. F. & Boone, A. L. (2004). High self-control predicts good adjustment, less pathology, better grades, and interpersonal success. Journal of Personality, 72, 271–324.

Wilson, T. D. & Gilbert, D. T. (2003). Affective forecasting. In M. P. Zanna (Hrsg.), Advances in experimental social psychology (Bd. 35, S. 345–411). San Diego: Academic Press.

自我评估问题

1. 人们为什么会高估他们对未来事件的情感反应的持续时间和强度？

2. 如何衡量外显自尊和内隐自尊？
3. "内隐自尊"一词是什么意思？
4. 在重复的自我调节任务中导致认知表现降低的有限资源是什么？
5. 你认为，为了实现积极的个人内部关系和人际关系，为什么增强自我调节能力比提升自尊心更重要？

第 3 章

社 会 认 知

> **📋 内容**
>
> 社会认知描述了人类对自己和自己的社会世界的思考。这种思考是**潜意识的**或**有意识的**。无意识的思考使日常生活变得更轻松,但也会导致系统的判断错误。

社会认知涉及人们吸收、处理、解释和记住有关自己及社会环境的信息的方式。这种信息处理既可以是自发的、无意的,也可以是系统的、有意的(Strack & Deutsch, 2004)。前一种形式称为**自动**过程,当思考是无意识的、无意的和不费力的时候,就会给出。当思维被有意识地控制、故意和费时的时候,第二种形式称为**受控**过程。

> **📖 备注**
>
> 对自己和社会环境的思考既自动又受控。

在本章中,我们将主要讨论自动过程。我们将从**图式**对信息过程的影响开始。图式可以理解为一种心理结构,其中组织了有关社会世界的知识。该知识的应用简化了形成印象的过程,因为可以更轻松、更快速地处理可用信息。但是，低水平的认知努力是要付出代价的：信息与图式保持一致，即使信息客观地反对图式，信息也会导致图式的确认。然后，我们讨论关于社会团体成员的图式如何影响自动行为。最后，我们要处理一些经验法则（所谓的**启发法**），这些经验则使我们的判断变得容易，但也会导致系统的判断偏差。

3.1 如何控制我们的感知图式

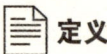

图式是关于对象和概念的知识的心理结构。

例如，我们了解到你可以通过电子邮件发消息，也可以坐在椅子上。计划可以包括在某些情况下的行为模式（所谓的**脚本**），这些行为模式反映了我们对相应的社会适应行为的了解。习惯在餐馆后付饭钱，而在食堂（或自助餐厅）先付饭钱。图式导致人们产生应该如何构建自己的社会世界的期望。这些期望反过来指导信息的理解和解释。

3.1.1 期望一致的信息评估

2007年，由德国联邦辐射防护局委托进行的一项研究表明，儿童离核电站越近，患白血病的风险就越大。核电的反对者对此表示肯定，并要求立即关闭反应堆。但是，科学家们进一步指出，暴露辐射太低，无法清晰地证明居住地与核电站的距离与白血病风险之间的联系。核电的支持者基于这项研究发表了这一声明，并认为他们的立场得到了证实。对于当时的巴伐利亚州经济事务大臣埃米莉亚·米勒来说，逐步撤除核能是不可能的。

不仅在政治上，经常有不同的人看到自己的观点被相同的新信息所证实，即使他们的立场不同。这种倾向被称为期望一致的信息评估。Lord, Ross 和 Lepper (1979)的经典研究以实验证明了这一点。在这项调查中，死刑的支持者和反对者获得了两项据称科学研究的结果，其中一项研究提供了死刑的威慑作用的证据，而另一项则提供了相反的证据。尽管死刑的支持者对该研究持更为积极的态度，该研究认为死刑具有威慑作用,但死刑的反对者却发现了相反的观点。结果,这两个群体比以前更相信自己的立场。支持者对死刑的好处更加确定,而反对者则不太相信。因此,尽管双方收到了相互矛盾的研究结果,但双方更加相信自己最初的观点。为什么与期望相吻合的论点要比与期望相矛盾的论点得到更积极的评价?除了你希望看到的动机方面之外,认知原因也起着决定性的作用:在视觉上接受了与期望相符的论点,并对与期望相抵触的论点进行了深入研究,从而增加了发现论点弱点的可能性(Edwards & Smith, 1996)。此过程如图3.1所示。

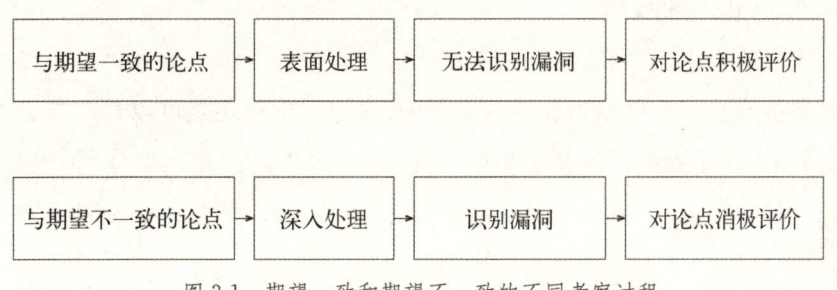

图3.1 期望一致和期望不一致的不同考察过程

因此,面对不一致争论的人们不仅假装更相信自己的立场。实际上他们确实这么认为。因此,可以认为,核动力的支持者和反对者并非只是出于政治原因而陈述,他们认为自己的观点确凿无疑,他们认为研究结果与其(相反)立场相对应。人们通常认为政客会歪曲一切,使其符合他们的观点。事实有可能是这样。但是他们没必要暗示自己也不相信自己的观点。

3.1.2 积极的测试策略

因此,人们对与自己的观点相对应的信息的评价要比对立的信息更积极。人们确认其观点的另一个过程是信息搜索。通常,人们积极搜索符合他们期望的信息,并避免与期望发生冲突的信息。

 举例

众所周知,共和党前美国副总统迪克·切尼曾受酒店经理的指示,在他的房间里设置一个保守党的电视频道。

Snyder和Swann(1978)如下研究了这种所谓的积极测试策略:被试的任务是接受访谈,作为整个访谈的一部分。一半的被试被告知外向性格特别适

合,而其余的被试则认为内向性格适合。被试收到一份问卷目录,从中选择12个问题以找出申请人的性格类型。对其中一些问题的回答表示外向(例如,"你如何开始聚会?"),而另一些则针对内向(例如,"你为什么不喜欢喧闹的聚会?")。寻找外向型申请人的被试主要询问性格外向的问题,而寻找内向型的被试主要询问内向型的问题。因此,个人在搜索信息时主要使用一致的问题(并避免与期望相反)。

3.1.3 自我实现的预言

到目前为止,我们已经研究了自己的期望如何影响一致和不一致信息的解释和搜索。尽管信息情况不一定表明这一点,但你还是可以肯定自己的观点。例如,一个人的行为被认为是不礼貌的,因为此前此人给你留下粗鲁的印象。另一方面,以前认识此人的另一位观察员则将这种行为解释为充满活力。

但是期望可以通过**成为现实**而得到进一步发展。这些信息不仅根据你自己的期望进行解释,而且实际上符合你自己的期望。但是,它们仅是合规的,因为你有控制自己行为的某些期望,从而导致另一个人作出相应的行为。

> **举例**
>
> 想象一下,你认识弗兰克,你是通过谁认识他的,你从朋友那里得知他很粗鲁。他们以这种期望与弗兰克接触,因此很酷。弗兰克意识到了这一点,并做出了不屑一顾的反应。反过来,你会感到自己的期望得到证实。你的朋友说得没错:弗兰克确实很粗鲁。弗兰克实际上在你们之间的互动中表现不佳。弗兰克的性格确实可能令人不快。但是,也可以想象他的特定行为只是你行为的结果。你对弗兰克的期望已将你的行为引导给他,这反过来又引发了弗兰克的行为回应,证实了你的期望。但是,如果你期望弗兰克成为一个友好的人,你们的会面会有多么不同!

自我实现的预言已在各个情况下得到证明。在第9章"人际吸引力",我们讨论了 Snyder 及其同事(Snyder, Tanke & Berscheid, 1977)的研究,在第7章"偏见"中讨论 Word 及其同事的研究(Word, Zanna & Cooper, 1974)。

对于学校而言，Rosenthal 和 Jacobson(1968)展示了期望如何创造自己的现实。在新学年开始时，测试不同班级的学生的智商。建议这些学生的老师使用此测试来确定学生在下一学年是否会取得重大的学术进步。然后，老师获悉了随机选择的学生名单，据说这些人将在下学年蓬勃发展。八个月后，所有学生都再次接受了智力测验。结果表明，老师期望进步的学生比没有期望进步的学生表现出更大的智力发展。老师说，他们的主要目标是鼓励普通学生。但是，独立观察表明，教师给予更多关注、支持和鼓励的学生，表现得越来越好，也给出更多更好的反馈，并更多更长时间地参与课堂活动。

随后的研究(Jussim & Harber, 2005)证实，教师对学生学习进度的期望是真实的，包括对绩效提高的期望和对绩效降低的期望。

> **备注**
>
> 自我实现的预言现象描述了期望如何创造自己的现实。

3.2 图式如何影响自动行动

图式控制个体对信息的记录和解释。同时也控制个体的行为，可能会带来灾难性的后果。

> **举例**
>
> 1999 年 2 月 4 日清晨，几内亚移民 Amadou Diallo 站在他在纽约市的公寓楼前。四名路过的警察认为 Diallo 是通缉的强奸犯，并向他问话。Diallo 将手伸进了他的夹克，随后警察向他开了 41 枪。Diallo 身中 19 枪并死亡。他不仅无辜，而且手无寸铁。在随后的审判中，警察说，他们担心 Diallo 会掏枪然后开枪射击。Diallo 是黑人。如果他是白人，警察会开枪射击他吗？

该事件导致进行了各种社会心理调查，调查了是否可以通过受害者的肤色来解释警察的行为。那么，警察的射击决定是否受他们对 Amadou Diallo 的社会群体成员身份的图式(所谓的**刻板印象**,我们将在第 7 章"偏见"中详细讨论)的影响?

关于黑人的图式包括以下假设:黑人比白人更可能携带枪支。反过来,这种假设会自动应用于与黑人的相遇中,并控制你自己的感知。因此,在时间压力下,黑人手中的物体被视为武器,而不是白人手中的物体。Correll, Park, Judd 和 Wittenbrink(2002)接受了这一论点。

他们让被试玩一个视频游戏,游戏中的白人或黑人被武装或不被武装(见图 3.2)。被试的任务是尽快射击武装人员,或者不射击没有武装的人员。被试很少有时间做出决定(就像射杀 Amadou Diallo 的警察一样),因此他们很难有意识地控制自己的行动。在此,应首先将被试的任何错误视为自动化过程的结果。

图 3.2 手中的物体是否是武器

资料来源:根据 Correll et al., 2002。

结果表明,被试对武装的黑人的反应比对武装的白人的反应更快。在没有武装的情况下,这种结果模式转过来了:在这里,被试对白人的反应比对黑人的反应更快。还测量了错误的发生。如果游戏中的人是武装的,那么白人犯的错误要多于黑人(即你不射击那个武装的人)。如果游戏中的人没有武装,那么黑人犯的错误要多于白人(即射击没有武装的人)(见图 3.3)。

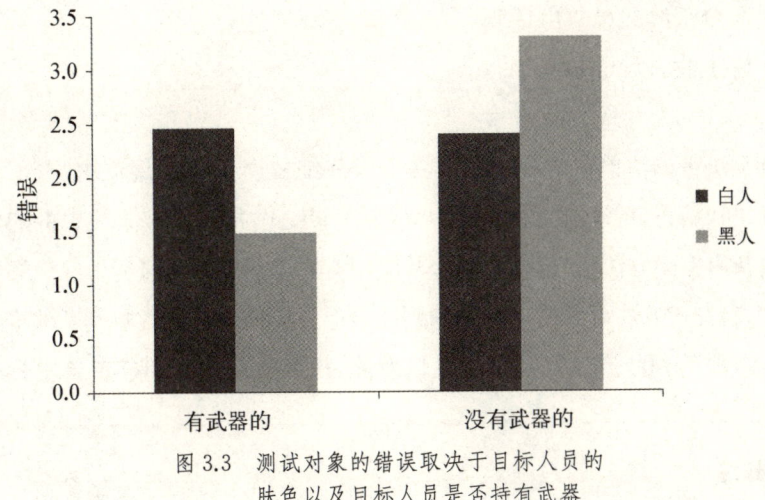

图 3.3 测试对象的错误取决于目标人员的肤色以及目标人员是否持有武器

资料来源：根据 Correll et al., 2002。

有趣的是，在白人和黑人被试中都可以看到这些影响，这表明与种族动机有关的问题，相比黑人比白人与武器联系更紧密的图式，所起作用要小得多。

> **备注**
>
> 关于一个人的社会群体成员身份的图式会影响他的自动行动。

3.3 判断启发式

正如我们在考察期望一致和不一致论点时所看到的，信息要接受表面或系统检查。通常，人们努力使自己的认知尽量保持在较低水平（Fiske & Taylor, 1991）。因此，在与你自己的社交世界相适应的情况下（例如，学习与期望相符的论据时），你会迅速自动做出判断并据此采取行动。只有在人们不安的情况下（例如，学习与期望相符的论据时），才有可能进行控制的、精心设计的思维。但是，在大多数情况下，人们相信自己的**直觉**。这一过程通常功能强大。考虑一下你每天必须做出的众多决定！

- 我早餐吃什么？
- 我骑自行车还是坐地铁去上大学？

- 我今天给父母打电话吗？
- 晚上我去看电影吗？

日常决策的清单非常长。如果一个人仔细权衡各方的每项决定，那将花费大量时间和精力，行动能力将受到很大限制。因此，判断是基于简单的**启发式**方法。判断启发式方法是"**经验法则**"，其应用有助于信息处理过程。在大多数情况下，使用启发式方法可以做出良好的判断。但是系统失真会影响判断的准确性。

最重要的判断启发式是**可用性启发式**、**代表性启发式**和**锚定启发式**。

备注

启发式是一种经验法则，借助它可以进行资源节约判断。

可用性启发式

举例

如果你必须从慕尼黑前往柏林，你想选择一种尽可能安全的交通方式：乘汽车还是坐飞机？

大多数旅行者可能会更喜欢汽车。实际上，飞机是更安全的选择。如果一个旅行者开车去机场，那么他已经完成了旅行中最危险的部分（Gigerenzer, 2002）。但是，为什么人们高估了飞机坠落的风险（或低估了驾驶汽车的危险）？这是可用性启发式工作原理的一个示例。在进行概率判断时，你依赖于先前获得的知识。从记忆中检索相关事件越容易，它们发生的可能性就越大。

备注

可用性启发法：越容易从记忆中检索有关事件的知识，事件就越多地进入判断过程。

媒体很少报道飞机失事这样的事故，相比更常见的车祸事故报道。因此，比起撞车死亡的知识，飞机坠毁死亡的知识更容易被了解，这反过来意味着发生飞机坠毁的可能性估计比发生车祸的可能性更高。

代表性启发式

> **举例**
>
> 琳达现年 31 岁,未婚,性格外向,聪明。在她的学习期间,她参加了哲学研讨会,对种族歧视和社会不公正问题非常感兴趣,并参加了反对核武器的示威活动。你认为哪种说法更有可能?
>
> 1. 琳达受雇于一家银行。
> 2. 琳达受雇于银行,是一名活跃的女权主义者。

Tversky 和 Kahneman(1982)在一项研究中向被试提出了这个问题。大多数被试认为第二个陈述比第一个陈述更有可能。但是,这不是真的,因为陈述 2(银行业务员和女权主义者)是陈述 1(银行业务员)的子集,并且子集永远不可能比全集的可能性更大。Tversky 和 Kahnema 认为这种判断错误是由于使用了代表性启发式方法。对种族歧视和社会不公的兴趣更像是女权主义者,而不是银行雇员。因此,女权主义的银行职员比银行职员更能代表琳达的描述。

> **备注**
>
> 代表性启发式:越典型的事物出现,就越有可能被接受。基本速率,即基本概率,被忽略了。

锚定启发法

> **备注**
>
> 在 English, Mussweiler 和 Strack 的研究中(2006),专业律师收到了有关强奸案的材料。部分被试被要求想象记者会问他们对被告的惩罚应高于还是低于 1 年。其他被试则被想象对被告的惩罚是高于还是低于 3 年。之后,要求所有被试做出判断。接受 3 年处理的被试(平均 33 个月)比接受 1 年处理的被试(平均 25 个月)做出更严格的判断。

这项研究的结果是锚定启发法效果的一个例子。数值"3 年"和"1 年"在锚点意义上起作用,这会影响后续的决策。锚定启发式是通过使用某个初始值作为参考来形成判断的,从而使最终判断在初始值的方向上失真(Tversky & Kahneman, 1974)。

> **备注**
>
> 锚定启发式:判断形式取决于某个初始值(锚)。

总结

关于"社会认知"的研究涉及人们如何看待自己及其社会环境的问题。这种想法是自动的或受控的。受控思维的特征是有意识的、刻意的过程,这会花费时间和精力。另一方面,自动思考是无意识、无意的和轻松的。但是,自动思考的较低工作量是有代价的。个体对社会(图式)的了解有助于信息的接收和处理,但即使信息提示应对图式作出修改,个体也会坚持已有图式,并且在面对社会群体成员时产生误判。做出判断的启发式(经验法则)也会减少要执行的认知工作量,但在某些情况下也会降低判断的准确性。最重要的判断启发式是可用性启发式、代表性启发式和锚定启发式。

推荐阅读

Fiske, S. T. & Taylor, S. T. (1991). Social cognition (2. Aufl.). New York: McGraw-Hill.

Gigerenzer, G. & Gaissmaier, W. (2011). Heuristic decision making. Annual Review of Psychology, 62, 451-482.

Kunda, Z. (1999). Social cognition: Making sense of people. Cambridge, MA: The MIT Press.

Moskowitz, G. B. (2005). Social cognition: Understanding self and others. New York: Guilford Press.

Nickerson, R. S. (1998). Confirmation bias: A ubiquitous phenomenon in many guises. Review of General Psychology, 2, 175-220.

自我评估问题

1. 区分自动处理与受控处理。
2. 检查基于期望的论点和与期望相矛盾的论点有何不同?
3. 你在网球比赛中的对手是一名非常出色的球员并明显优于你的期望会如何导致自我实现的预言?
4. 描述可用性启发式、代表性启发式和锚定启发式,并尝试从日常生活中为每个启发式找到一个示例。

第 4 章

社 会 知 觉

> **内容**
>
> 社会知觉与人们如何看待他人的行为和特征的过程有关。印象的形成受先前激活的记忆内容，信息显示顺序，内隐人格理论和观察者期望的影响。对人类行为原因的认知是归因理论的主题。

作为社会成员，人们努力理解和解释他人的行为。这个过程在社会心理学中用关键词"社会知觉"来处理。在本章的第一部分，我们将根据他人的特征来考察我们的印象。我们从另一个人那里得到的印象在很大程度上取决于那个人及其行为和特征。但是，应该明确的是，作为观察者，我们也为所获得的印象做出了贡献。在第二部分中，我们将讨论如何继续寻找他人行为的原因。我们将描述最重要的归因理论，即行为和情境的归因，讨论归因过程中发生的系统性失真的理论，并讨论这些归因导致的一些后果。

4.1 印象形成

我们对他人特征的了解取决于许多通常我们不了解的因素。例如，先前激活的记忆内容可能会影响我们对他人的印象。我们将首先讨论这种所谓的**启动**。其次，我们将关注接收他人信息的顺序的重要性。即使有关两个人的信息绝对相同,如果显示信息的顺序不同,我们也会对两个人形成不同的印象。当我们获得有关他人行为的信息时,它仅反映了他们的一部分人格。然后,我们会用到我们必须填补的空白的信息。这里的假设是,某些人格特质经常与其他人格特质同时发生,因此我们对一种人格特质的了解可以得出关于一个人的其他人格特质的结论。在介绍了这些**内隐人格理论**之后,我们关注人们证实自己的期望的倾向。一旦我们有了关于另一个人的特定印象,即使我们随后收到的有关该人的信息明显与我们最初的预期相抵触,我们也会坚持使用该印象。

4.1.1 启动

也许你会想知道,不同的观察者对某种行为的看法有何不同。向观察者捐款的人被观察者视作恩人,而另一位观察者则视其为"慈善上瘾者",他尽一切努力使自己看起来更好。同样地,一个在餐桌交谈中很少说话的人可以被认为是一个很好的倾听者,但也可能被视为没有兴趣。

因此,很少有人能清楚分类一个人的某种行为。相反,对人类行为和特性的感知很大程度上是由观察者主观形成的。

通常,不同的看法基于各个观察者事先**激活**了哪些记忆内容。先前刺激对刺激过程的影响称为启动,并且在社会心理学研究者中引起了极大关注。大量研究表明,取决于事先激活了哪些记忆内容,人们对行为的看法有很大不同。

Higgins,Rholes 和 Jones(1977)的经典研究中,被试被告知他们将参加记忆研究,在记忆研究中他们应记住尽可能多的形容词。实际上,研究的这一部分有助于将被试的认知指向积极或消极的方向。例如,有些被试接受了积极的形容词(多么勇敢),而另一些被试被要求记住否定的形容词(多么残酷)。之后,在一个据称独立的研究中,被试阅读了进行危险活动的人的描述。结果表明,被给予否定形容词的被试比被给予积极形容词的被试的否定感更大。

> 📖 **备注**
>
> 激活的记忆内容会影响社会信息的解释,这被称为启动。

记忆内容的激活不仅影响我们对他人的认知,它还会影响我们的行为。

在一项研究中(Bargh, Chen & Burrows, 1996)被试被要求用给定的单词组成句子。给予被试的单词多种多样,要么与礼貌或冷酷有关,要么呈中性。随后,被试应向主试报告,此时主试正与同盟者进行深入交谈。研究评估了被试中断主试对话所需的时间。结果表明,在礼貌状态下,被试的等待时间比在中性状态下的等待时间长,而在冷酷状态下的被试等待的时间则更长(见图4.1)

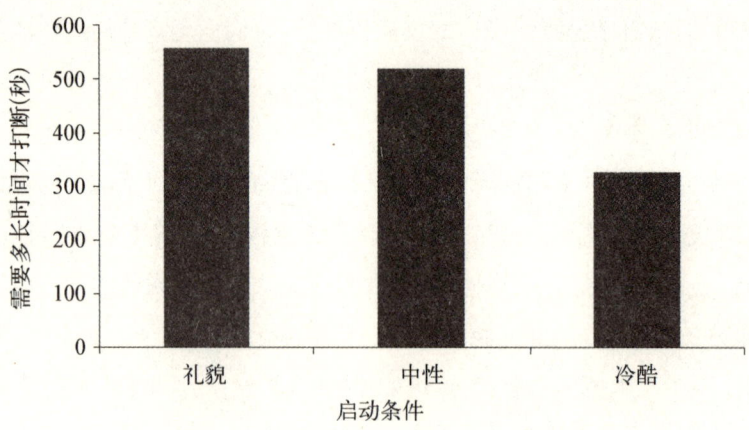

图4.1 被试中断试验者的时间的启动影响

资料来源:根据 Bargh et al., 1996。

4.1.2 序列效应

我们如何知觉他人,不仅取决于之前已经激活了哪些记忆内容,还取决于我们接收有关他人的信息的顺序。信息序列中较早出现的信息比较晚出现的信息对印象形成的影响更大。这种所谓的首因效应首先由 Asch(1946)记载。

> 📦 **举例**
>
> 你如何评价以下人员?她聪明、勤奋、冲动、批判、固执和善妒。这是 Asch(1946)的研究课题的任务。例如,有56%的被试认为这个人很友善,有32%的人觉得她很快乐。其他被试仅以相反的顺序(善妒、固执、批判、冲动、努力和聪明)被给予与该人相同的信息。
>
> 在这里,只有27%的被试将该人评为友好,只有5%的认为她幸福。但是,提供信息的顺序不影响所有的人格特质:例如,第一组的82%和第二组的87%认为此人是认真的。

一方面,首先提到的信息具有如此强的影响力,因为通常与后续信息相比,个体对信息的处理要深得多,后续信息仅在表面上被部分考虑。另一方面,首先提到的信息会影响个体对后面提到的信息的解释。例如,如果我们首先了解到一个人很挑剔,后来又听说他们对自己也满意,那么我们可能会认为他们是自大的,而不是如果我们首先了解到他们很友善。

> **备注**
>
> 首因效应意味着,在信息序列中较早出现的信息比之后出现的信息对印象形成的影响更大。

4.1.3 内隐人格理论

显然,我们对人格特征的评估取决于我们对所讨论的人的了解。我们都有所谓的内隐人格理论,根据这些理论,某些特质会偶然地与某些特质一起发生,而很少与其他特质相关。

Asch(1946)研究了某些特质影响其他特质评估的程度。他假设某些特质(所谓的**中心特质**)比其他特质(所谓的外围特质)具有更大的影响力。检查的关键特质之一是冷热之间的区别。为被试提供了一个特质列表,用以阅读以了解有关某个人的信息。这个人曾经被描述为热情,也曾经被描述为冷酷。其余的特质(例如聪明、谨慎、努力)是相同的。例如,98%的被试在热情的条件下会感到该人情绪激动,而只有作为10%的被试在冷酷的条件下会感到情绪激动。作为外围特质,Asch检查了礼貌对比冷酷。在这里,对人的其他特质的认知几乎没有影响。

> **备注**
>
> 内隐人格理论预期,个体的特定品质与其他特质相关。在了解到某一特征的基础上,可以总结得出其他特征。

Harold Kelley(1950)研究了中心特质如何影响人与人之间实际的互动。学生了解到,一位客座讲师将主持一场研究会讨论。有些学生被告知讲师是一个热情的人。一些学生预期他是一个热情的人,其他学生预期他是一个冷酷的人。讨论之后,那些预期讲师热情的人对讲师的看法更加积极。在小组讨论中,他们还与他进行了更多互动。

4.1.4 证实期望

首因效应和内隐人格理论的共同之处在于,印象的形成是由对人可能是什么样的某种期望所决定的。即使你随后收到与期望相矛盾的信息,你的看法也几乎没有或仅被适当地改变了。这种新信息以确认你自己的期望的解释倾向也被称为证实偏差。

证实偏差可能会产生深远的影响。学校环境通常表明,**社会经济地位**较高的父母的孩子比那些低收入父母的孩子成绩更好。这些差异可能部分由于父母社会经济地位不同的儿童对不同成绩水平的期望所致。

在 Darley 和 Gross(1983)的研究中,要求被试评估一个 9 岁孩子的学习成绩。一组被试被告知孩子的父母都受过教育,而另一组被试被告知孩子的父母是文盲。实际上,对孩子表现的预期取决于父母的受教育程度:受过教育的家庭的孩子的表现被评价为(尽管只有一点)高于来自未受过教育的家庭的孩子。

如何看待孩子的表现,你是否可以看到孩子的实际表现?Darley 和 Gross 向其他被试展示了一段视频,视频中孩子完成了 25 项智力测验的任务。尽管所有被试都观看了同一视频,被认为是受过良好教育的父母的孩子比被认为是文盲的父母的孩子聪明得多。因此,期望没有得到纠正。相反:据称,父母的受教育程度对孩子的表现的影响相比期望值本身更加明显(见图 4.2)。

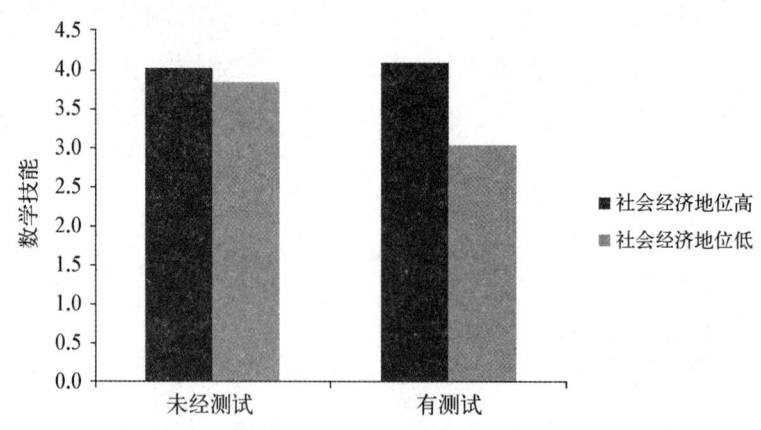

图 4.2 数学技能评估取决于社会经济地位和该孩子的表现是否被观察

资料来源:根据 Darley & Gross, 1983。

因此，Darley 和 Gross 的研究证明，印象的形成在很大程度上取决于各自的期望。但是可以用被试所获得的信息并没有明确与期望相抵触来反驳上述观点。那么，当人们收到与他们的初步意见相矛盾的绝对清晰的信息时，会出现什么情况？你是否会随后纠正自己的意见呢？

📦 **举例**

假设你参加了智力测验且获悉，你做得特别好。首先，你一定会很高兴。但是此后，你得到可靠的通知，反馈是偶然决定的，你的实际表现根本没有被确定。然后，主试会要求你评估你自己测试中的表现。由于反馈是偶然提供的，因此不应影响你的评估。结果确实如此吗？

就这种情况，Ross, Lepper 和 Hubbard(1975)开展了一项研究。在另外两个实验条件下，被试被告知他们的表现处在平均或不佳的水平。因此，对被试的反馈各不相同。但是，由于反馈是虚构的，并且也已传达给被试，反馈的类型不影响被试对自己表现的评估。但是，实际上，这三个测试条件之间存在明显的区别：处于正反馈条件下的被试推测他们比正常条件下的被试正确完成了更多任务；而正常条件下的被试认为，与处于负反馈条件下的被试相比，他们正确地完成了更多的任务。在第二个实验中，观察者之间也观察到了这些影响：他们推测得到成功反馈条件的被试比得到失败反馈的正确地解决了更多任务，尽管可以可靠地确保反馈的随机性。

📖 **备注**

即使有明确的矛盾证据，人们也会坚持之前获得的意见。

4.2 归因（原因归因）

通常我们不满足于只描述另一个人的某种行为。我们还想知道为什么这个人的行为会这样，而不是采取其他行为。

 **举例**

一群人安排和朋友一起去电影院。他们按时到达约会地点,但是他们的朋友迟到了半小时,所以电影已经开始了。

你很可能想知道女朋友为什么迟到。她是通常会迟到的人吗,或者这对你的女朋友来说很不寻常?迟到是由于女朋友的个人原因还是特殊情况造成的?

归因理论便是处理这类问题并回答,何时一个人的行为归因于该人的性格,何时该行为在情境中被认为是合理的。但是,在寻找人类行为的原因时,我们并不总是像归因理论家那样系统地进行研究。我们通常很少有时间、没有动力或没有认知资源来全面分析他人行为的原因。这导致我们对人类行为原因的理解发生某些扭曲。归因理论与我们如何判断人类行为起因有关。这些不同的判断可能会产生重大影响。例如,如果你认为迟到是由于朋友造成的,那么你可能会比判断为因特殊情况导致迟到时更生她的气。原因归因的影响即所谓**归因理论**考察的主题。

4.2.1 归因

归因理论家将人们视为天生的科学家,其目的是找出并理解人类行为的原因。归因理论家并不关心一个人为什么表现出某种行为的真正原因。相反,他们对人们如何解释人类行为很感兴趣。特别是在消极和期望相反的情况下,就人们解释人类行为的原因进行深入研究(Wong & Weiner, 1981)。

 **举例**

当被卷入大规模丑闻时,政治家似乎被黏在了自己的办公室里。西尔维奥·贝卢斯科尼是最好的例子。他多年来一直担任意大利总理,被指控滥用职权并与未成年性工作者来往。时任德国联邦总统霍斯特·科勒的情况大不相同。科勒因对德国联邦国防军在阿富汗的部署发表评论受到批评而宣布辞职。在他之前没有联邦总统辞职,与其他政治事务相比,这一情况当然被认为是次要的。因此,他辞职之后各方就是否可能有其他原因致其辞职展开了激烈讨论。

Fritz Heider(1958)被认为是现代归因理论的奠基人。据他介绍,人类行为的原因主要体现在个人和情境中。如果将人类行为归因于个人,则是**内部归因**;如果归因于情境,则是**外部归因**。

人们什么时候更喜欢内部归因,又在什么时候更喜欢外部归因,学者已经发展出了各种理论。在这方面最著名的理论来自 Harold Kelley。根据 Kelley(1973)的说法,对人类行为的解释受到三个方面的影响:

1. 共识性
2. 独特性
3. 一致性

共识性是指几个人(共识程度低)或很多人(共识程度高)表现出某种行为。**独特性**是指在不同情况下(独特程度低)还是仅在特殊情况下(独特性高)显示行为。**一致性**是指行为在特定情况下仅发生一次(一致性低)还是在这种情况下反复出现(一致性高)。根据 Kelley 的说法,如果共识性和独特性低且一致性高的话,很可能会做出内部归因。一方面,当共识性和独特性高且一致性也高时,就会进行外部归因。另一方面,如果一致性低,则该行为将归因于不一致的情况。

📦 举例

你很快就会进行社会心理学考试。你最好的朋友已经在同一位考官的监考下进行了考试,但是失败了。是什么导致考试结果不佳?你的朋友还是考官?你会发现只有你的朋友考试不及格,而其他所有的同学都获得了好成绩。因此共识性很低。你的朋友不仅没通过社会心理学考试,而且也没通过其他大多数学科。因此,独特性很低。此外,这不是她第一次没有通过社会心理学考试,以前也有通不过考试的情况。因此,一致性高。这些信息可以向你保证,考试成绩不佳可能主要是由于你的朋友,她在学业上投入很少。

如果不仅是你的朋友,其他同学也都考试不及格(一致性高),那又怎样考虑?你的朋友只是没通过社会心理学考试,但是其他科目上取得了好成绩(独特性高)。如果你的朋友反复通不过社会心理学考试(一致性高)呢?在这种情况下,你会惊异地发现,朋友的考试成绩不佳主要是由于考官这个人,他似乎是一个非常严格的考官。

4.2.2 归因错误

在某些情况下,对人类行为的归因会像Kelley模型所建议的那样详细分析。想要找出朋友考试成绩不佳的原因的学生肯定对找出真正的原因很感兴趣。另一方面,在其他我们很少有时间的情况下,在我们考虑其他事情时,我们对行为的原因几乎没有兴趣,我们将减少分析性地使用共识性、独特性和一致性信息(Gilbert & Malone, 1995)。在这些情况下,我们对人类行为起因的认识常常显示出系统的扭曲。

基本归因错误

 举例

巴巴多斯R&B歌手蕾哈娜2007年到2009年与歌手克里斯·布朗交往。在布朗袭击蕾哈娜后,两人的关系结束。蕾哈娜的眼睛青肿,鼻子流血和嘴唇破裂的照片遍布世界各地。

只有受害者和犯罪者才知道犯罪的确切过程以及导致人身冲突的情况。尽管如此,关于为什么克里斯·布朗打他当时的女朋友一直都有广泛的猜测。是因为他本身的性格,还是因为特殊情况触发了他的攻击行为?Heider已经指出,大多数人几乎都是通过一个人的特殊性来解释人类的行为,从而忽略了情境的影响。

因此,布朗的行为主要被归因为他是一个好斗的人,这通常在冲突中可以被察觉。人类行为主要归因于个人的假定特征的这种趋势是如此普遍,以至于人们遇到了一种根本的归因错误(Ross, 1977)。在6.3"角色的影响"中,我们将了解基本归因误差的另一个示例。

定义

基本归因错误表明人们主要以内部归因解释人类行为,即追溯到行为人本身。

Jones和Harris(1967)的经典研究通过实验证明了基本归因错误。该研究的被试收到了一篇有关Fidel Castro的文章,据称是由另一位被试撰写的。这篇文章有关赞成还是反对Castro。一组被试得知作者可以选择撰写赞成或

是反对 Castro 的论文,而另一组被试则得知该论文的观点是由主试分配给作者的。然后询问被试,他们如何评价作者对 Fidel Castro 的看法。毫不奇怪的是,出现了以下情况:如果允许作者自己确定论文的观点,并且给被试正面观点的论文,那么他们对 Fidel Castro 的态度相比收到负面观点论文的被试态度更为积极。但是,当作者分配论文观点时,这种倾向也很明显:即使如此,如果被试能够阅读正面的和负面观点的文章,他们对作者的积极态度的怀疑明显提高(见图 4.3)。因此,尽管作者的行为是由主试给出的指令确定的,但是被试还是使用角色的特征(他的假设态度)来解释行为。

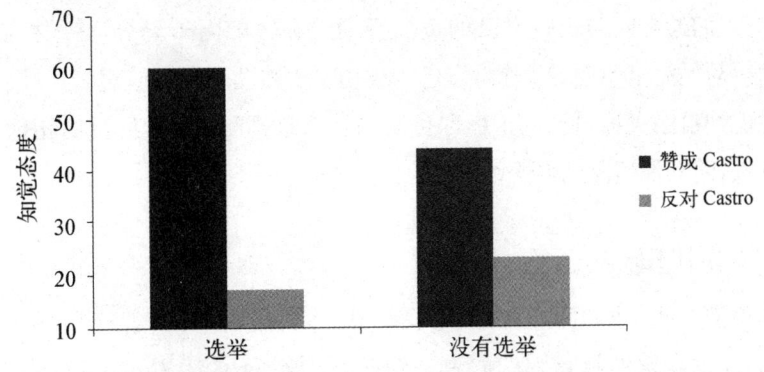

图 4.3 论文作者的感知态度取决于论文的观点(赞成 Castro vs.反对 Castro)和选择(给出与未给出)。比例从 10 上升到 70。更高的值表示更积极的态度

资料来源:根据 Jones & Harris, 1967。

行动者-观察者效应

根据基本归因错误,观察者主要将人类行为归因于角色的属性。但是,在多数情况下,如果你询问角色本身,这种倾向就不会出现。他们通常会强调情境的影响,以解释自己的行为。

定义

行动者观察者效应表明,行动者主要通过情况影响来说明自己的行为,而观察者则更多地使用个人因素。

行动者-观察者效应可以通过以下事实来解释:参与者比行为者具有更多有关行为发生方式的信息。尤其是,参与者拥有一致性(行为被重复显示)和独

特性(行为仅在特定情况下显示,而在其他情况下没有显示)的更多信息。

让我们回到克里斯·布朗和蕾哈娜:克里斯·布朗如何解释他攻击蕾哈娜的行为?根据行动者-观察者效应,他首先强调情境的影响。他没有详细介绍,他只告诉一家报纸,殴打涉及双方,作为男人,他必须捍卫自己的尊严。

有助于自我价值的归因

克里斯·布朗如何解释他的行为不仅与行动者-观察者效应相对应,而且还可以看作是一种自我服务的归因。殴打他人几乎是每个人都否定的行为。因此,如果行为较少归因于本人,而更多归因于情境,则对你自己和向他人解释更有利。实际上,人们通常倾向于将自己的负面行动或失败归因于局势,并承担低责任。积极的行动是完全不同的:你将自己的成功主要归功于自己。尽管如此,人们并没有意识到自己宣称自己的正面和负面的行为是自私的:他们真的相信自己对成功负责,而其他情况则对失败负责(Pronin, Gilovich & Ross, 2004)。

4.2.3 归因理论

到目前为止,我们已经考虑了归因的产生,即人们如何解释人类行为。另一方面,归因理论处理归因的后果。例如,根据 Bernard Weiner(1986)的归因理论,可以归因于以下三个方面:

- 控制点:行为是由于人(内部的)还是因情况(外部的)引起的?
- 稳定性:行为的原因是稳定还是不稳定?
- 可控制:个人可以在多大程度上影响其行为的后果?

这三个维度的特征对个人内部和人际交往产生深远影响。让我们考虑成功/失败的原因。

**举例**

马蒂娜在社会心理学考试中得了 1 分*。她将此结果归于她的高超能力。根据 Weiner(1986)的说法,这是一个内部的、稳定的、可控的归因。另一方面,菲利浦未通过考试。他认为他只是倒霉。这是外部的、不稳定的、不可控制的归因。

---

* 编者注:此处为德国 APS 成绩计分,1 分为满分。

根据 Weiner 的观点，**控制点**维度尤其会影响一个人的自尊。成功通过考试的内部归因会增加自尊，而失败会降低自尊。**稳定性**维度主要通过对未来事件的预期产生影响。归因于稳定原因导致人们期望将来也会失败。另一方面，如果归因于不稳定的原因，则有希望未来会比现在成功。最后，**可控制**维度会影响诸如骄傲和羞辱之类的情绪。如果某人对自己的成功负有责任，这会引以为傲，而不良的考试结果会引发羞耻感。

人际关系过程也受到归因的影响。将失败归因于无法控制的原因的考官，比认为考试过程对不良表现负责的考官更能理解考生。

总结

社会认知涉及人们如何判断他人的行为和特征的过程。根据先前激活的记忆内容来解释有关某个人的信息，从而影响印象的形成。呈现信息的顺序也起着一定的作用，即在信息序列中较早出现的信息对印象形成的影响，要比之后出现的信息更大。某些信息（所谓的中心特质）比其他所谓的外围特质对印象的形成有更大的影响。通过内隐人格理论，对他人中心特质的了解会影响与中心特质没有直接关系的特质的归因。对他人行为或特质的期望控制着有关该人的信息的解释。归因理论涉及对人类行为的归因。人类行为主要归因于人和情况。共识性、独特性和一致性信息会影响是否归因于人或情况。通常，观察者将一个人的行为归因于情境，倾向于自我服务的归因：成功归因于自己，失败归因于情境。归因理论处理归因的影响。

推荐阅读

Bargh, J. A. (2006). What have we been priming all these years? On the development, mechanisms, and ecology of nonconscious social behavior. European Journal of Social Psychology, 36, 147–168.

Hewstone, M. (1989). Causal attribution: From cognitive processes to collective beliefs. Oxford: Basil Blackwell.

Heider, F. (1958). The psychology of interpersonal relations. New York: Wiley.

Kelley, H. (1973). Process of causal attribution. American Psychologist, 28,

107-128.

Weiner, B. (1986). An attributional theory of motivation and emotion. New York: Springer.

Weiner, B. (2006). Social motivation, justice, and the moral emotions. Mahwah, NJ: Erlbaum.

自我评估问题

1. 记忆内容的激活如何影响人类印象的形成?
2. 定义首因效应。
3. 什么是内隐人格理论?
4. 对他人行为或者性格的期望如何控制对信息的解释?
5. 区分共识性、独特性和一致性的信息。
6. 最明显的归因错误是什么?
7. 根据 Weiner 的理论,可以根据哪三个维度对属性进行分类?

第5章

态　度

📋 内容

态度是对人、事物或事实积极、消极或者两种观点混合的评价。外显态度是在意识水平上衡量的；内隐态度是在无意识水平上衡量的。态度是可以学习的，但也是由基因决定。态度可以很好地预测行为。显示出来的行为也会影响态度。态度改变取决于溯源、自变量和接收者的属性。

📦 举例

玛琳的爱好是远足。她讨厌做家务；她喜欢吃火鸡肉，但对畜牧业有担忧。因此，玛琳对爬山持积极态度，对家务劳动持消极态度，对吃火鸡肉的态度则不确定。

态度是社会心理学的核心概念。我们将在本书的各个章节中讨论态度。自尊是对自己的态度；人际吸引是对另一个人的积极态度；偏见是对人群的消极态度。态度概念由于其**对人类行为的预测能力**而受到特别关注。社会心理学家想找出人们为什么以某种方式表现行为。长期以来，他们认为预测一个人的行为的最佳方法，是了解他们对行为对象的态度。在本章的第二部分，我们检查了这样的一种假设,即态度和行为之间存在紧密的联系。在此之前,我们将讨论如何定义态度,如何理解态度,以及一个人为什么对某个事物产生积极、消极或混合态度的常见解释。最后,我们讨论如何改变态度。

5.1 态度:定义、评估和起源

5.1.1 定义

你如何看待你的同学,你是否喜欢参加社会心理学讲座,你对学费的引入有何看法?所有这些问题的答案是了解你对某些人、对象和概念的反应。这些反应称为态度。

态度是对人、事物或问题的积极、消极或混合的反应。

5.1.2 评估

正如我们在评估一个人的自尊时已经讨论过的那样,我们将一个人在无意识状态下所表现出的态度(**内隐态度**)与有意识地接近的态度(**外显态度**)区分开来。尽管这些不是个体能有意识获得的,但仍能对行为产生影响。可以使用问卷记录外显态度。这些大多记录在所谓的利克特量表上,评估对态度对象的认可程度。

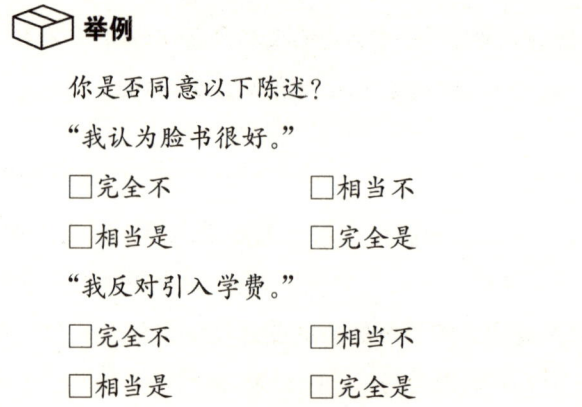

在态度对象方面,较高社会期望度的人表现外显态度会带来问题。对于某些主题,人们倾向于给出他们相信的答案,例如实验主办方想听这个。又如,很少有人会公开声明他们认为移民的智力较弱,或者应该向自己的群体提供优惠待遇。你可以故意伪造自己的态度。

如上所述,你自己也无法自觉地触及某些态度,因此无法通过记录态度对象的评价级别来获得。由于这些原因,已经开发出评估人的内隐态度的方法。最著名的方法是**内隐联想测验**(Greenwald, McGhee & Schwartz, 1998)。该测验记录了一个人对物体反应的反应速度。主题呈现在计算机上,带有成对的对象和形容词。例如,可以检查移民和积极特征、消极特征之间的联系。被试对移民与特征之间的耦合反应越快,或者对移民与消极特征之间的耦合反应越慢,则对移民的内隐态度就越积极。

尽管内隐联想测验的使用和解释并非没有争议,但确实带来了一些有趣的结果。人们普遍认为,男人和职业之间的联系比女人和职业之间的联系更为积极,而女人和家庭之间的联系比男人和家庭之间的联系更为积极。在美国,最强烈的关注可能是获得了一个相当一致的发现,即在内隐联想测验中,白人比黑人更容易被感知。另一方面,在使用明确的态度测试时,这种趋势不再明显:白人和黑人在这里同样被肯定。一般而言,外显态度并不总是与一个人的内隐态度相对应:两者间只有中等正相关(Greenwald, Poehlman, Uhlmann & Banaji, 2009)。因此,一个人可以在有意识的水平上感知并报告他们对外群体的积极评价与对自我群体的积极评价一样。但是,内隐的,她更喜欢自己的群体。

5.1.3 起源

我们对某些态度对象的感觉通常是学习的结果。刚开始时,我们对新事物持中立态度。然后,我们利用他人的反应使自己形成某种意见。例如,如果我们发现一位密友在收音机中听到某首歌后就厌恶地做个鬼脸,那么随着时间的流逝,我们也会对这首歌产生负面的感觉。最初中性刺激与无须事先学习即可触发反应的刺激的反复耦合会触发相同的反应。这样学习过程称为**经典条件作用**,可以与操作性条件作用区分开。**操作性条件作用**意味着将来作出反应的可能性更大是由于其后产生令人愉快的结果,而发生的可能性则因随后的令人不愉快的后果而降低。

 **举例**

马克西米利安喜欢喝卡布奇诺。但是,喝了一杯卡布奇诺后,他感到不适,呕吐了。从那以后,他不再品尝卡布奇诺,卡布奇诺的味道已经使他感到不适。

像其他人格特质一样,态度也受**遗传影响**。同卵双胞胎的态度比异卵双胞胎的更为相似。即使双胞胎出生后分开并在不同的家庭中成长,这种倾向也很明显。

5.2 态度和行为

心理学的目标是研究人类的经验和行为。基于态度是人类行为的最佳预测因子之一的假设,态度的主题引起了特殊的研究兴趣。政党密切监视选举情况,并试图在选举前影响公众情绪,这并非毫无道理。公司在广告活动上投入大量资金,以改变人们对产品的态度。但是人们实际上是按照自己的态度行事的吗?

5.2.1 态度对行为的影响

 **举例**

在 1930 年代,美国心理学教授理查德·拉皮尔(Richard LaPiere)与一对年轻的中国夫妇一起用两年时间穿越美国。由于当时对亚洲人持非常消极的态度,因此 LaPiere 担心自己的朋友不会在饭店和旅馆得到服务或住宿。但是,他们在 251 个案例中仅被拒绝一次。几个月后,拉皮尔向所有餐馆和酒店发出了一封信,询问他们是否为中国客人提供服务和住宿。只有一个人对此表示肯定,超过 90% 的人表示肯定不会。显然,饭店和饭店员工的态度和行为并不一致。

不仅如此,许多其他研究也表明态度和行为很难相互对应。Wicker(1969)的元分析表明,态度和行为的相关系数为 $r=.15$。因此,即使你知道一个人对事物的态度,你对其行为也知之甚少。

但是态度实际上在预测行为方面没有用吗？经过这些早期研究的清醒发现之后，研究人员不再评估态度预测行为的程度，而是专注于态度能否进行行为预测以及在哪些情况下它们与行为不对应。记录相似的态度和行为尤为重要。例如，在拉皮尔研究中，评估了一种态度，即是否愿意为中国公民服务。因此研究中所评估的态度非常笼统。另一方面，具体记录了在美国教授的陪同下，是否为一对受过良好教育，穿着考究的中国夫妇提供服务的行为。此外，并不确定拉皮尔的研究是否评估了同一个人的行为。可能一个人先为拉皮尔和他的中国朋友服务。然后另一个人回答了这封信。

根据 Ajzen 和 Fishbein(1977) 的观点，有四个维度尤为重要，在这四个维度上，态度与行为之间必须存在对应关系，以便态度可以实际预测行为。

1. 行为类型
2. 行为对象
3. 行为背景
4. 时间点

假设我们对购买手机时态度和行为的匹配程度感兴趣。因此，行为的类型是购买手机。关于行为对象，应该特别把握对某些品牌的态度。行为背景是指，例如，你是否可以给手机分期付款，还是应立即付全款。最后，在购买手机时，态度和行为应该同时发生。

如果态度和行为具有可比的规范程度，那么两者之间的相关确实更高。Davidson 和 Jaccard(1979) 能够非常清楚地说明这一点。在他们的研究中，已婚女性被问及她们对避孕的态度。问题的范围从一般（对避孕的总体态度）到特殊（对未来两年使用避孕药来避孕的态度）。两年后，记录了这些女性是否服用了避孕药。记录的态度越具体，越可以更好地预测行为。总体而言，在过去的两年中，全球对避孕的态度几乎与避孕药的使用无关。但是，是否在未来两年使用避孕药的具体态度与相应的行为明显相关。在接下来的两年中对使用避孕药持积极态度的女性实际上更多地使用了避孕药。表 5.1 列出了所有结果。

最近的研究更加关注态度和行为的**规范程度**，这些研究表明态度和行为之间的相关性明显更高。Kraus(1995) 确定了平均相关系数 $r=.38$。因此，如果知道一个人对某事物的态度，并且所关心的态度和行为具有可比的规范程度，则可以一定程度地预测该人对该事物的行为。

表 5.1　态度和行为之间的关系，规范程度的依存度

对……的态度	相关态度行为
预防	.08
避孕药作为预防措施	.32
使用避孕药作为预防措施	.53
未来 2 年使用避孕药作为避孕措施	.57

资料来源：根据 Davidson & Jaccard，1979。

5.2.2　计划行为理论

因此，特定态度可以相对较好地预测特定行为。但是，行为不仅受态度影响，还受其他因素影响。根据 Ajzen(1991)的研究，意图（行为意图）是最佳的行为预测指标。这些意图又取决于三个组成部分。

- 对行为的态度
- 主观规范
- 感知的行为控制

对行为的态度是人们对行为的积极或消极的信念与对行为将导致的预期结果的期望的相乘结果。如果信念或期望为 0，则态度成分为 0。信念有多积极态度就有多积极。如果人们不期望采取行动会产生预期的结果，那么人们就不会对行为表现出积极的态度。同样，如果结果不理想，积极的期望会对行为后果带来积极影响。

📦 **举例**

彼得认为自己的健康非常重要。但是，如果他不认为吸烟对自己的健康有害（因为他有一个 90 多岁的祖父，即使他每天抽一包烟），他也不会对吸烟产生消极态度。

主观规范也是两个组成部分的相乘结果，即对他人如何判断行为的信念和与他人的判断相对应的意图。

最后，**感知到的行为控制**包括对行为实施的难易程度的信念。它不仅对意图有直接影响，而且对行为也有直接影响。这是感知到的行为控制与实际控制

一致的例子。如果你认为自己有能力购买新车,那么这对购买汽车的意图会产生积极影响。如果你确实有能力购买汽车,则也可以购买汽车。在这种情况下,感知到的行为控制对行为有直接影响。另一方面,如果购买汽车超出了实际的财务能力(但你不想承认),那么你将无法购买汽车,因此感知到的行为控制对意图的影响将受到限制,并且不会反映在行动中。

让我们回到使用避孕药的例子。关于态度部分,你评估服用避孕药的积极和消极结果,并评估服用避孕药后实际发生结果的可能性。因此,不怀孕非常重要,并且你相信可以通过服用避孕药有效预防这种情况。例如,关于主观规范,人们会看重伴侣的观点,或多或少愿意满足伴侣的意愿。可能因为伴侣不想使用避孕套而被迫使用避孕药。如果你对伴侣关系感到非常满意,那么与同伴侣分开的人相比,你可能会更加关注伴侣的需要。如果态度、规范和行为控制是积极的,则对使用避孕药的意图产生影响。这种意图反过来应导致实际服用避孕药。

图 5.1 说明了计划行为的理论。回顾论文(Armitage & Conner, 2001)发现,计划行为理论可以很好地预测行为。

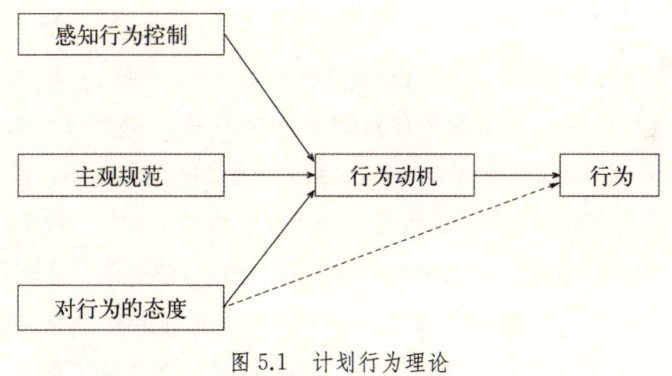

图 5.1　计划行为理论

资料来源:根据 Ajzen, 1985。

5.2.3　行为对态度的影响

因此,态度在某些情况下可以很好地预测行为。但是,这种影响不是单方面的,而是可以观察到的相互过程。因此,行为也会影响态度。如上所述,尤其通过诸如经典条件作用和操作学习之类的学习过程来获取态度,其中,增强了对态度对象的行为。例如,Daryl Bem(1972)声称,人们通常不知道自己会如何面对特定态度对象,直到他们看到自己如何对待该对象为止。

> **举例**
>
> 因此，我不确定我对食用青蛙腿的态度是什么。由于我以前从未吃过青蛙腿，因此可以得到结论，我对吃青蛙腿的态度相对消极。同样，我可能不确定对使用替代能源的态度。当我意识到自己使用绿色电力时，得出结论，我对替代能源持积极态度。

根据 Bem 的**自我认知理论**，并非每种行为都能得出有关适当态度的结论：必须自愿展示行为。如果你在后面有一辆警车的情况下在红绿灯处停下来，即使你受到惩罚的风险很小，你的行为对你无视红灯的态度的影响也不会比你已经停车时少。

在**认知失调理论**中(Festinger，1957)，自愿性也是行为影响态度的必要条件。根据该理论，人们努力在其认知系统内保持一致性。当两个认知相互矛盾时，就会产生**不和谐**，这是一种令人不舒服的情绪状态。认知失调之一可是意识到自己的行为与态度相矛盾。

> **举例**
>
> 暴力电子游戏玩家常常能看到报道，称玩此类游戏会增加攻击倾向。玩家不愿被(他人)视为有攻击性的人，由此，行为和态度相互冲突产生不和谐的感觉。减少不和谐的一种方法是停止玩暴力电子游戏。对于此类游戏的忠实粉丝来说，这是一个不可思议的选择。因此，似乎更容易改变对玩暴力电子游戏的态度。例如，你自己承认其他人在玩暴力电子游戏后行为更加激进。但是，你自己不会受到影响，甚至不会通过电子游戏表现出攻击性冲动，因此攻击性行为的可能性将降低。

Festinger 和 Carlsmith(1959)进行了一项经典研究，研究了根据所呈现的行为如何改变态度。被试执行了一个多小时的无聊任务。然后，主试让他告诉下一个被试，这项任务既生动又有趣。显然，你被要求说谎。但是，你因这个谎言而得到补偿。一些被试获得 1 美元，其他被试获得 20 美元(在一种控制状态下，被试不必向任何人说谎)。在所有被试都服从了主试的要求之后，他们被问及这项任务有多有趣。

被试撒谎的行为会造成不和谐。至少,大多数人同意说谎通常是不适当的行为。被试如何处理他们的不和谐?如果你说谎可以得到20美元(按今天的标准,这大约是80美元),你就会为自己找到一个很好的理由:谁不会为了一大笔钱说些无伤大雅的谎言呢?另一方面,如果只给你1美元,看起来就不一样了。在这里,这笔钱对于不道德行为几乎没有道理。因此,你必须说服其他人相信任务并不无聊,实际上很有趣。实际上,任务为1美元的被试比任务为20美元(对照条件)的被试认为任务更具吸引力。正当理由不足的行为会影响相应的态度(见图5.2)。

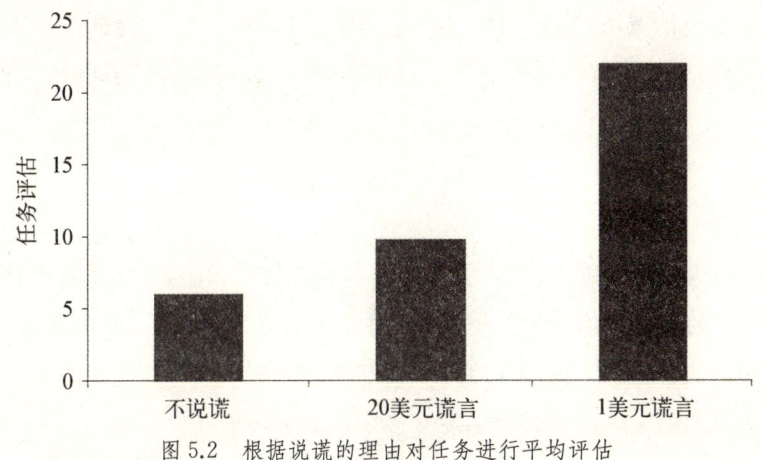

图5.2 根据说谎的理由对任务进行平均评估

资料来源:根据 Festinger & Carlsmith, 1959。

在一项证明自身努力的研究中有类似的发现(Aronson & Mills, 1959)。女性被试来到实验室加入讨论组。但是,为了被接纳为小组成员,她们必须忍受启动仪式,即阅读与男性主试相关的带有色情内容的文本。色情内容无害或者非常清晰。之后,主试播放了所谓讨论的录音带,故意使它变得无聊。但是,阅读文本的被试可以从讨论及其小组成员中获得一些好处(至少比阅读无害文本的被试更多)。为了证明自己的不道德行为是正当的(这项研究是在1950年代进行的,这对当今的标准而言是谨慎的),必须强调行为的含义。谁愿意花大力气参加无聊的讨论小组只为了获得低回报?

> 📦 **题外话**
>
> 美国大学普遍存在学生会申请人忍受残酷折磨的情况。例如,你被该组织成员骚扰几个月,让你裸跑穿越校园,或者让你靠墙站几个小时不许上

厕所，或者吃不可食用的东西。在学生中听起来这像是无害的恶作剧，但有时却是致命的。据估计，有超过100名申请者因入职仪式而丧生。当将所有这些都抛在脑后时，你应该建立起对学生会的忠诚，这是认知失调理论所预测的。但是以什么为代价呢？

5.3 态度改变

在大多数情况下，当我们用某些论点说服接收者时，会尝试改变其态度。因此，社会心理学研究已经检查了资料来源，论点和接收者的哪些特征促进或减少了态度的改变。

5.3.1 来源

人们认为信息越可信，就越能成功地影响接收者。例如，在广告中，牙医建议使用特定的牙膏。由于牙医是专家，因此你信任他（尽管知道他通过广告获得了报酬）。同样地，广告经常启用非常漂亮的人与产品一起展示。实际上，你受到有吸引力的人的影响要大于没有这个人的影响。

5.3.2 论据

就论据的性质而言，这里关注两个特征，即可怕的论据及阈下论据效果。

 举例

在许多国家，要求卷烟制造商在卷烟盒上印刷警告。有人读到吸烟者死得更早，吸烟会导致肺癌，吸烟会导致皮肤老化。立法机关的基本思想是，警告可以防止吸烟或帮助吸烟者戒烟。但是这些可怕的论据奏效吗？

不幸的是，**可怕的论据**几乎没有效果，甚至往往相反。如果吸烟者面对烟盒上的警告，则会引发恐惧和压力。人们试图通过点燃一支香烟来控制这些负面情绪状态。如果一个人没有感知到行为控制，那么产生的唤醒就没有什么用了。因此，如果你尝试通过可怕的论据影响他人，则应确保除了制造恐惧之外，还应教授他人如何成功改变行为。

阈下论据无须我们有意识地处理他们。

> 📦 **举例**
>
> 回想一下你上次在超市购买葡萄酒的情况。你可能无法在来自不同国家的两个品牌之间进行选择。最后,你决定购买其中一个品牌。但是,你是如何做出决定的呢？购买时超市里可能在播放音乐,听起来似乎不可思议,你是根据音乐类型做出决定的。

在 North,Hargreaves 和 McKendrick(1999)的一项研究中,一家超市中的音乐在两周内发生了变化,一天内可以播放典型的德国或法国歌曲。购买德国或法国葡萄酒的时间分别为一日。事实证明,在演奏德国音乐的那天,德国葡萄酒的销售超过法国葡萄酒。在演奏法国音乐的日子里,相反的效果显而易见。

5.3.3 接收者

各种研究表明,智力低下的人比智力高的人更容易受到影响。此外,年龄在 18 至 25 岁的人比老年人更容易受到影响。毕竟,自我价值中等的人比自我价值低或高的人更容易受到影响。

5.3.4 劝导如何以及为什么起作用？

有时,你会让自己被消息来源说服,而不必考虑提出的论据。另一方面,你当然记得你仔细检查了所提出的论据的情况。因此,社会心理家(Chaiken,Liberman & Eagly,1989；Petty & Cacioppo,1986)假定论据的处理有两种方式：

- 中心路线
- 外围路线

中心路线描述了对论据进行深入研究的过程,被说服的程度取决于论据的有力程度。**外围路线**描述了仅表面处理论据的过程,信念的变化可以通过所提出论据的强度以外的其他因素来解释。

一个人是采取论据处理的中心路线还是外围路线,首先取决于动机的水平和拥有的可用资源。如果话题对一个人特别重要,那么他就有强烈的动机去集中处理赞成和反对的论点。另一方面,如果该人认为主题不重要,那么他将不太专心地研究这些论点。同样,高度可用的认知资源会增加集中处理的可能性,而低认知资源往往会导致外围处理。

备注

对论据的中心处理与外围处理导致更长久的观点改变,也更能抵抗进一步改变观点的尝试。

总结

态度是对态度对象的积极、消极或混合评估。态度对象可以是：人和人群、事物和认知概念。可以在有意识和无意识的水平评价态度。在意识水平上测得的态度称为外显态度。内隐态度是在无意识的水平上衡量的。态度可以通过各种学习过程获得的。但是,其中一些在遗传上是合理的。当态度和行为具有可比的规范水平时,态度可以很好地预测行为。但是,借助对规范的额外了解,感知的行为控制和行为意图可以更好地预测行为。另外,态度不仅可以预测行为,行为也会影响态度。态度改变取决于论据来源,论据本身以及论据接收者的属性。论据沿中心路线和外围路线进行处理,中心处理会导致态度更为永久性的改变。

推荐阅读

Bohner, G. & Dickel, N. (2011). Attitudes and attitude change. Annual Review of Psychology, 62, 391–417.

Bohner, G. & Wänke, M. (2002). Attitudes and attitude change. Hove, UK: Psychology Press.

Fishbein, M. & Ajzen, I. (2010). Predicting and changing behavior: The reasoned action approach. New York: Psychology Press.

Greenwald, A. G., McGhee, D. E. & Schwartz, J. K. L. (1998). Measuring individual differences in implicit cognition: The Implicit Association

Test. Journal of Personality and Social Psychology, 74, 1464-1480.

Harmon-Jones, E. & Mills, J. (Hrsg.). (1999). Cognitive dissonance: Progress on a pivotal theory in social psychology. Washington, DC: American Psychological Association.

Petty, R. E. & Cacioppo, J. T. (1996). Attitudes and persuasion: Classic and contemporary approaches. Boulder, CO: Westview Press.

Petty, R. E., Fazio, R. H. & Briñol, P. (Hrsg.). (2009). Attitudes: Insights from the new implicit measures. New York: Psychology Press.

自我评估问题

1. 你如何捕捉外显态度和内隐态度？
2. 解释学习过程如何促进态度的发展。
3. 就哪个维度而言，态度和行为之间的相关性越高，态度和行为之间的对应关系就越多？
4. 在预测行为时，态度、规范、感知的行为控制和行为意图之间有什么相互作用？
5. 你如何解释不和谐理论，即行为可能导致态度改变？
6. 为什么可怕的论据对行为影响很小？你如何增加可怕论据的影响？
7. 何时对论据进行中心处理，何时对它们进行外围处理？

第 6 章

社 会 影 响

> **内容**
>
> 人们在改变他人的思想、情感和行为时会产生社会影响。人们会受到做出正确判断和被他人喜欢的动机的影响。人们非常容易受社会影响左右。将影响接收者的多个请求与不同成本相关联的影响策略通常是成功的。不仅多数群体,而且少数群体也能发挥社会影响。任何角色分配和服从请求也可能导致社会影响发生重大变化。

在本章中,我们讨论社会心理学工作的核心主题:社会影响。正如所介绍的那样,社会心理学研究人们的思想、情感和行为如何受到他人的影响(Allport, 1954a)。我们将在下面讨论在何种程度上以及为什么人们在他人的行为中受到他人的指导。为此,我们进行了一些最著名的社会心理学研究。Asch 的服从行为研究,斯坦福监狱实验以及 Milgram 的服从性研究都是该领域的经典研究,这些在很大程度上改变了我们人类的自治形象。

6.1 社会影响的类型

> **定义**
>
> 社会影响代表着人们直接或间接改变人们的思想、情感和行为的过程。

我是支持还是反对缴纳学费？我如何找到脸书？我认为保护环境有多重要？在对这些问题和其他问题的判断中，我们经常让其他信息影响我们。例如，学习证明核电厂危险的论点可以导致人们相信不应建造新的核电厂。有时，不需要争论，只需学习别人的想法就足以影响我们的态度和行为。如果摇滚乐队死裤子的追随者获悉他们是核能的反对者，那么他们可能对核电厂更为挑剔（而不知道为何他们反对核能发电）。

社会影响至少可以在两个层面上感受到。一方面，它可以导致公开调节观点，另一方面可以导致观点内部化。**公开调节观点**意味着你可以对外告知企图影响自己的来源。但是，私下里，你可以表示不受影响并采取不同的看法。例如，你可以向反对核电的人保证自己反对核电。但是，对于自己来说，你对核电的发展持积极态度。**观点内化**意味着你实际上已经采纳了尝试产生影响的来源的观点。例如，反对核电的论点使人们意识到产生核电的危险。

> **备注**
>
> 社会影响可以导致公开调节观点和观点内化。后者的社会影响是成功的。

人们为什么会受到他人的影响？专业文献中提到了两个主要动机。一方面，让自己受到代表客观正确态度和信念的需求的影响，这被称为**信息性影响**，尤其是在人们不确定自己的观点是否正确的情况下（例如，在艰巨的任务中），这种情况会发生。另一方面，让自己受到别人喜欢和接受的需求的影响，这被称为**规范性影响**，当人们确定自己的观点正确时（例如，对于简单的任务），这种影响尤其明显。

6.1.1 信息性影响

为了检查自己观点的正确性，你需要考虑其他人的信息的论点。特别是当涉及我们不确定自己的观点是否正确的重大情况时，我们会在判断中以他人的观点为指导。Baron 及其同事们的一项研究（Baron, Vandello & Brunsman, 1996）表明，涉及艰巨任务时，如果你极有动力做出正确的判断，则主要是基于他人的意见。（Baron 及其同事们的研究是著名的 Asch 研究的延续，我们将在 6.4 节中进行讨论。）研究对象被告知，研究调查的是他们作为目击者的陈述的准确性。在总共 13 轮中,他们首先看到肇事者的照片,然后看到了四人阵容的照片,四个人中一个人是肇事者。然而,图像仅被非常短暂地呈现,使得难以识别确切的人。待识别人物的重要性各不相同。在"重要性高"的条件下,被试了解到,警方已利用他们的信息更好地区分了好与差的目击者。此外,最佳目击者将获得 20 美元的奖励。在"重要性低"的条件下,该研究被作为一项试点研究提出,目的是找出如何最好地将图像呈现给其他对象。此外,没有金钱激励被试也能做好。除此以外,主试的两名助手(同盟者)也参加了实验。他们被指示在某些情况下给出错误的答案,被试在 35% 的案件中跟随了同盟者,并确定了错误的肇事者。在"重要性高"的情况下,这种成功率甚至更加明显:在此情况下,被试在 51% 的案件中遵循了同盟者的(错误)判断。当一项任务既困难又重要时,信息性影响特别强。

> **备注**
>
> 信息性影响来自做出正确判断的需要。尤其在影响接收者不确定自己的判断是否正确但判断对他而言很重要的情况下,这种情况会发生。

6.1.2 规范性影响

规范性影响的产生,不是因为需要做出正确的判断(与信息性影响一样),而是因为需要被他人喜欢和接受。因此,影响的基础是对他人可能希望听到的声音的期望。刚刚描述的 Baron 及其同事们(1996)的研究再次可以很好地说明规范性影响的效果。有些案件完成起来不困难,但任务很简单。因此,照片被长时间地呈现给测试人员,不仅仅是一次(在困难的情况下),而是两次。当任务被认为不是很重要时,在 33% 的案件中,被试都遵循了同盟者的标准。如果它被认为很重要,则合格率下降到 16%。因此,当重要的是做出正确的判断(因此需要信息性影响)时,社会规范性影响较小。但是,如果判断是否正确不太重要,那么你会倾向于遵循大多数人,因为那样的话,被喜欢和接受的需求比正确的需求大。

但是,值得注意是,至少有 16% 的被试遵循同盟者的判断。在控制条件下,被试仅完成任务(即不受同盟者的影响力),在完成简单任务的案例中,有 97% 的人选择了正确的肇事者。因此,在非常容易解决的任务中,将近六分之一的被试将自己定向为他人的意见,并且在认识正确的情况下回答错误答案——即使该任务对个人而言很重要,也会做出错误的判断。

备注

规范性影响源于被他人喜欢的需求。它尤其发生在简单的任务中,在这些任务中,自己判断的正确性对影响的接收者并不重要。

6.2 影响策略

接下来,我们讨论四种影响策略,这些策略都是基于以下事实:请求。得寸进尺法和小技巧都以低成本或低价询价开始,然后是高成本或高价询价。面对面技巧和"并非全部"技巧相反,高成本的请求会从高报价开始,然后是低成本的请求或以较低价格提供。

得寸进尺法

**举例**

在步行街,一位可爱的年轻女士与你联系,询问是否要签署针对动物实验的签名表。在你高兴地接受了这一请求之后,这名年轻女士问你是否也愿意成为动物福利组织的成员,并同意从你的账户中扣除120欧元年费。由于你已经满足了第一个请求,将自己视为动物爱好者,因此同意加入该组织。

使用得寸进尺法向另一个人求助,因为这个帮助是如此之小,以至于几乎没有人会拒绝请求。由于接受了(小的)要求,因此你将自己视为一个给予帮助的人。如果接着提出较高的要求,既然你是给予帮助的人,就意味着你也要接受第二个要求。

低球技术

举例

经过长时间的寻找,你终于找到了一辆想购买的车。这辆车拥有一切你想要的,最重要的是,它卖得比其他汽车经销商便宜得多。但是,卖方必须先与老板明确报价,然后才能完成购买。当他回来时,他遗憾地告诉你,他不能以约定的价格向你出售汽车,你必须支付比你最初想的多300欧元。一方面,突然之间,报价不再那么便宜;另一方面,你很期待购买下汽车,并且已经可以想象出如何驾车出行。因此,你同意以较高的价格购买。

和得寸进尺法一样,被实施低球技术的人也会接受一项请求,在第二步中,该请求的成本大大增加。由于受制于一个对象或致力于与你打交道的人,因此你同意接受约定,但要增加费用。

以退为进法

举例

你的同学告诉你,他的租赁合同没有延长,他还没有找到下学期的公寓。无奈之下,他转向你,问你是否可以在接下来的六个月里和你住在一起。由于你自己住在一间小房间里,因此不想同意这个同学的要求。因此,同学问你是否可以在第一个月而不是整整六个月里与你一起生活。尽管你实际上根本不想采纳,但是与六个月相比,一个月似乎没有那么严重。你欣赏这个同学的礼貌,因此允许他与你同住一个月。

借助以退为进法,你可以故意从过多的请求开始,而几乎可以肯定会被拒绝这些请求。第二步,你降低自己的标准,对方很可能会满足你的第二个请求。

并非全部技巧

举例

这是经常出现的真实销售例子。人们会赶紧去支付看似廉价的商品。谁能抗拒购买一条价格从150欧元降至50欧元的裤子!但是,如果同一条裤子从不出售150欧元怎么办?你还会热情地以50欧元的价格购买吗?

在并非全部技巧中,产品以一定的价格提供,但在买家拒绝之前,价格会降低。这种降低增加了购买产品的可能性(与仅知道降低的报价相比)。

6.3 角色的影响

2004年,据宣布,巴格达附近阿布格莱布监狱的伊拉克囚犯遭到美国军事情报官员的酷刑。在进一步的报道中,媒体向公众发布了记录滥用行为的性质和程度的图片和视频(见图6.1)。

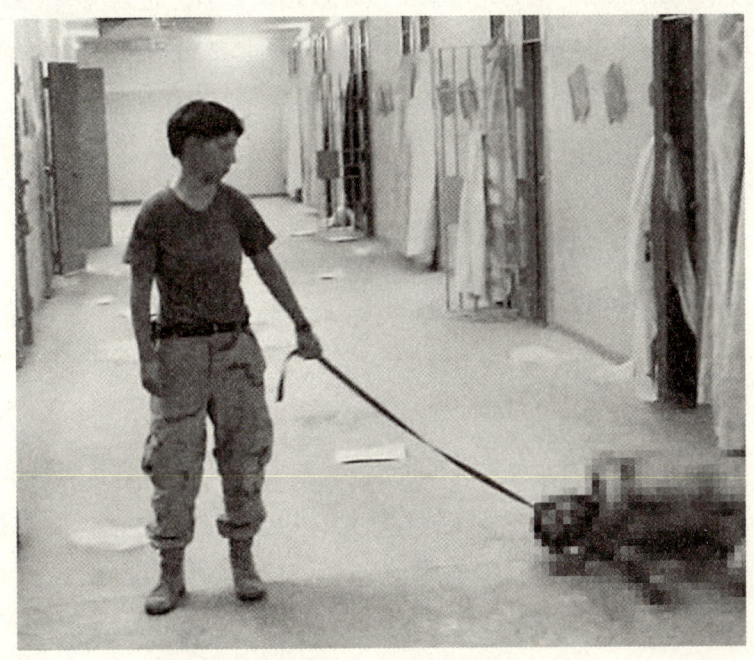

图6.1 伊拉克阿布格莱布监狱的虐囚丑闻

在关于为何发生这种行为的公开讨论中,主要观点是,这是表现出虐待狂倾向的个人行为。在解释人类行为时经常会遇到这种情况,从中可以清楚地看出根本的归因错误:行为完全归因于人类的性格,而情境的影响却被忽略了。

但是,大约40年前,一项社会心理学研究表明,如何在很短的时间内使精神上不起眼的人侮辱和虐待他人。在所谓的斯坦福实验中(Haney, Banks & Zimbardo, 1973),研究了对被试的"警卫"或"囚犯"随机角色分配如何影响行为。实验是在斯坦福大学地下室改建的监狱中进行的。这些衣服是从真的囚犯那里拿来的,"囚犯"必须穿制服和上脚链。他们不再被允许用名字来称呼自己,而只能用印在衣物上的数字来称呼自己。为"警卫"配备了制服和镜面太阳镜,可防止他们被看见样貌。

短时间后,被试开始专注于自己的角色。警卫们试图破坏囚犯的意愿并发展出虐待狂倾向(例如,囚犯被迫赤手清洗厕所)。囚犯首先试图与屈辱作斗争。然而,在警卫们残酷地镇压他们之后,囚犯之间出现了嗜睡和消极情绪。36小时后,一个囚犯发展为急性抑郁症,因此必须释放该囚犯。在随后的日子里,更多的囚犯在压力下崩溃并被释放。6天后,必须尽早停止整个实验(实际上原定安排2周)。该实验令人印象深刻地展示了如何通过情境(在这种情况下通过分配角色)来影响人的行为。暴力和残忍可以通过相应的人格倾向来确认,但通常可以通过情况的特征更好地加以解释。

6.4 从众

6.4.1 多数派的影响

 举例

想象你正在执行一个简单的感知任务。你会得到一条线(左下),并且需要确定和三条比较线(右下)中的哪一条具有相同的长度。

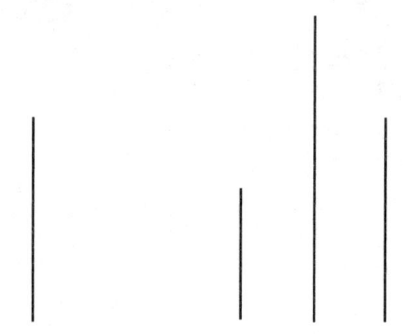

就其本身而言,任务非常简单,因为其中一条与另一条一样长,而另外两条的长度却大不相同。但是,你并不独自参与,还有其他6个人也在从事这项工作,每个人都必须公开宣布哪条线是正确的。轮到你了,5个人已经给出了相同的结论,但这不是你的想法。你会做什么?你是否会做出与其他所有人相同的判断,还是相信自己的判断并说出你认为正确的答案?

所罗门·阿希(Asch,1951)在研究中确实遇到了这种情况。另外6个人

是同盟者，并由主试指示，在18轮中的12轮一致做出错误的判断。如果你遵循所谓的其他被试的判断，你的行为将像许多阿希测试的被试一样：平均而言，做出错误判断的占到大多数(32%)，则至少有74%的被试做出了错误的判断。仅自己完成任务的被试在0.7%的案例中做出了错误的判断。随后的研究表明，3个人或更多人中的大多数错误引导可以达到几乎完全一致的结果。但是，如果被试的判断得到另一个人支持，则一致率会大大下降。即使只是存在第二个错误反应个体也会导致从众行为降低。

如导言所述，可以说服人们主要是出于信息性和规范性方面的原因。在阿希模式中，多数人的影响比信息性更具规范性：尽管公众表达与多数人相同的判断，但个人判断相对不受影响(Allen, 1975)。信息性影响力，例如在影响力者自己认为不确定的情况下，也会影响个人判断，因此会导致态度的实际变化。

备注

信息性影响倾向于导致观点内化。规范性影响往往导致公开调节观点。

6.4.2 少数派的影响

你是否只有在受到多数人的影响或少数人能够改变主意的情况下才会遵循意见？塞奇·莫斯科维奇及其同事们(Moscovici, Lage & Naffrechoux, 1969)使用了与Asch类似的实验模式。给被试一个相对简单的感知任务，要求确定幻灯片的颜色(所有幻灯片均为蓝色)。但是，与Asch一样，并不是单独一个人参与，而是6个人。在实验条件下，存在4名被试和2名同盟者。控制组包括6名被试。总共进行了36次。在两个实验条件之一，同盟者总是用"绿色"(少数群体一致)回答，在第二个实验条件中，"蓝色"是12次，"绿色"(少数群体不一致)是24次。在对照条件下几乎从未提及绿色。在少数群体不一致的情况下，只有大约1%的反应受影响。相反，在少数群体一致的条件下，被试在超过8%的案例中分享了少数群体的判断(见图6.2)。大约三分之一的被试至少对一次一致的少数群体做出了错误的判断。

因此，不仅多数人，而且少数人都能成功地影响其他人(在Moscovici及其同事的研究中，就像Asch的研究，即使是客观上错误的观点)。如果将Asch和

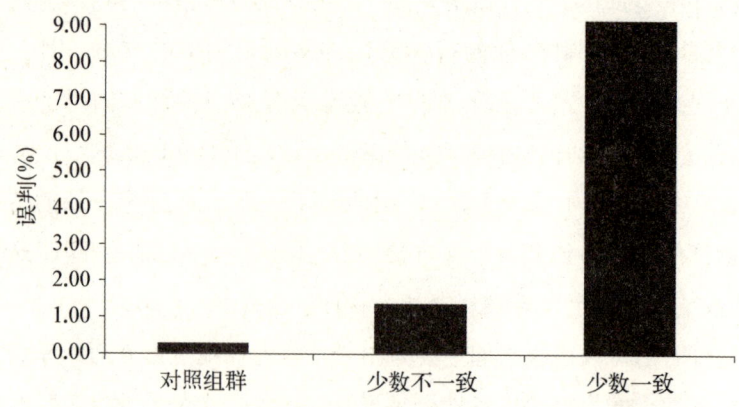

图 6.2 错误判断的百分比取决于少数群体影响的一致性

资料来源：根据 Moscovici et al., 1969。

Moscovici 的结果进行比较，多数人的影响力似乎比少数人的影响力要强：在 Asch 的研究中，大多数人的错误判断率为 32%，在 Moscovici 中少数人的错误判断为 8%。Wood 及其同事的元分析证实了这种趋势（Wood, Lundgren, Ouelette, Busceme & Black-stone, 1994）：在类似 Asch 和 Moscovici（当人们不得不发表意见时）的研究的公众判断中，少数派的影响不如多数派的影响。它还表明，在直接的个人判断上，多数群体影响力大于少数群体（基于涉及相同的设置对象的判断，没有透露影响来源，只显示相对于基线的变化）。相反，就其间接（相似但不相同的态度）态度和个人判断的影响而言，少数群体至少等于多数群体。

根据 Moscovici 的说法，该群体中少数派于时间上的一致对于他们的影响力至关重要。另一方面，其他作者则强调采取灵活行动的重要性。例如，根据 Hollander 的特殊信用理论，如果少数派先前获得了特殊信用（地位优势），则他们特别能成功影响他人。此外，这可以通过遵守先前的判断来实现。因此，你可以从多数派开始。一旦大多数人对你有信心，你通常可以通过指出和论证其他观点来成功地改变主意（Hollander, 1958）。

举例

你想和朋友一起去度假。你所有的朋友都想在海边预订俱乐部假期。但是，他们只喜欢待在度假村里。你首先同意出海，但随后成功辩称你的团队正在露营，而不是住在俱乐部。

研究人员在少数群体和多数群体的影响是否受同一行动过程约束或者他

们的工作方式是否不同等问题上存在分歧。根据 Latané 和 Wolf(1981)的社会影响力理论,少数群体和多数群体通过相同的过程工作,但是由于影响力个体数量的增加,多数群体比少数群体更强大。另一方面,Moscovici(1980,1985)认为,少数派和多数派的影响会引发不同的冲突,从而导致不同的影响力。如果你受到多数人的影响,则有一个比较过程("谁是对的?");另一方面,如果你受到少数人的影响,则会进行证实过程("什么是正确的?")。结果,多数人主要是公开表示认可,而少数人则是私下改变看法。Nemeth(1986)也强调了少数群体与种族主义之间的不同的影响,认为多数派的影响会引入不同的思维(关注多数人的立场),但少数派的影响引起分歧的思维(思考各种立场,包括少数派和多数派之外的立场)。的确,Nemeth 能够在大量研究中表明,少数群体比多数群体更能促进创造力和创新。

> **备注**
>
> 不论多数派还是少数派都能发挥社会影响。多数派的影响通常比少数派的影响强。但是,少数派比多数派似乎带来了更实际的(私人)观点改变,这种改变将长期持续下去。

6.5 服从

在第三帝国时期,阿道夫·艾希曼将犹太人驱逐到集中营。因此,他直接负责谋杀约 600 万犹太人。战后他被拘留,但随后获释并最终移民到阿根廷。1960 年,他被以色列特勤局绑架到以色列,被判处死刑并处决。艾希曼没有否认他的行为,但在审判期间他宣称他仅是执行命令。对艾希曼的审判引起了国际媒体的极大关注。例如,犹太宣传员汉娜·阿伦特将艾希曼描述为案头作案者,并称其为邪恶的附庸。美国社会心理学家斯坦利·米尔格兰姆受针对艾希曼的审判的启发,想知道在多大程度上人类的残酷行为可以通过服从权威来解释。他进行的服从实验可能是最著名的社会心理学研究。

6.5.1 Milgram 实验

在 Milgram 的研究中(总结自 Milgram,1993),两个人来到实验室参加了一项所谓的记忆研究。这两个人中的一个是主试的同盟者。实际的科目由教师担任,同盟者由学生担任。如果答案有误,老师必须给予学生假想的电击。每次错误后,电击强度逐渐增加(从15伏到450伏)。震动越强烈,学生的抗议就越多。从330伏起呜咽和呻吟也完全发不出了。标准范例的空间排列如图6.3所示。

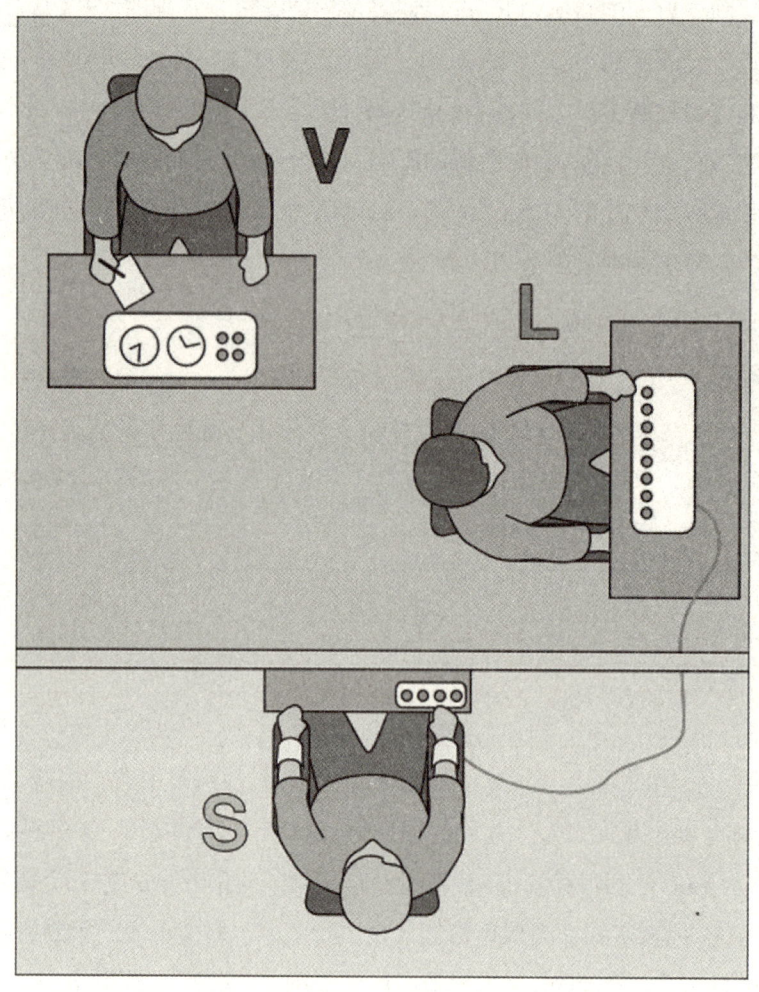

图6.3 Milgram标准范例(V=主试,L=老师,S=学生)

在进行研究之前,Milgram问精神科医生,被试能承受多少电击。精神科医生认为最大值为450伏特。他们希望人群中只有千分之一的人会接受最大值。但是实际上,65%的被试达到了450伏的最大电击极限。因此,大约三分之二的人遭受电击,这可能导致死亡。(当然,实际上,没有电击,只有同盟者才遭受痛苦。)教师的角色没有性别差异:男性和女性都同样服从。(女性的作用没有被 Milgram 检查。)

值得注意的是,忍受电击并不是释放电击的原因。在实验标准的变量中,给被试施用的电击量是可选的。仅一个被试施加了最大电击,给出的平均电击量在 75 至 90 伏之间。在另一个变量中,主试的指令是通过电话给出的。被试的服从意愿急剧下降。只有大约 20% 的被试遭受了最高的电击量。此外,一些被试为继续实验而作弊,产生的电击低于应有的水平。在另一个变量中,在达到 150 伏电压时中断了实验,学生的反应异常剧烈,并且由于心脏缺陷而不得不停止实验。然后,这位学生回答说,尽管痛苦,他还是要继续,因为最近他的一位朋友一直坚持到最后,这样中止与他的男子气概不符。但是,没有一个主试屈服于学生的坚持。实验人员进行干预后,所有操作均立即停止。表 6.1 中显示了标准实验进一步变式的结果(Milgram 在他的书中报告了总共 18 个实验。)

表 6.1　Milgram 标准实验变式的服从率

变　量	结　果
老师必须将学生的手按在电击板上,然后施加电流	30% 给予最大电击量
只有在可以根据自己的意愿随时停止尝试的情况下,学生才参加。不过,主试不会考虑学生在 150 伏电压下的抗议,并要求老师继续进行实验	40% 给予最大电击量
相反,主试提出另一个问题,系统提高了电击量	20% 给予最大电击量
主试在学生中的作用;助手下达命令	在震惊的被试的第一次抗议中,尽管有主试的干预,所有被试被停止了实验

资料来源:根据 Milgram,1974。

但是,为什么大多数被试会同意给予无辜受害者潜在的致命电击?实验结束后,许多被试表示对自己的行为不负责任。主试下达了他们执行的命令。因此,主试应对发生的事情负责。大多数被试遭遇这种情况的严重折磨,许多被试要求研究者停止实验。但是,大多数被试无法避免自己必须遵守主试的要求。服从权威实际上可以被确定为被试为何实施电击的最重要的潜在动机。此外,电击量逐渐增加,因此被试反抗该过程就更加困难。

Milgram 的结果在许多国家与地区(包括慕尼黑)都得到了重复,服从率几乎相同。一些人反对 Milgram 的研究,服从本身被认为没有什么价值,并且预期会大大降低服从率。但是,事实并非如此。Burger(2009)进行了 Milgram 实验。这项研究的服从率与 Milgram 的服从率相当。

> **备注**
>
> 大多数人遵守权威的命令,即使明显违反自己的道德和道德原则。

6.5.2 支持和反对一致性和服从性

如果只看 Milgram 的研究,我们肯定会得出结论:人们的行为应该少服从。盲目服从(以及服从的弱化形式)无疑是危险的。但是,遵守和服从不仅应被否定地看待。社会成员只有遵循一定的规则,他们才能在一定程度上发挥作用。如果没有人闯红灯,道路交通将不会崩溃;如果没有人在环保方面表现得更好,我们就会窒息而死。一致性和服从性最初不应该被否定评估。当它伤害他人时,它才变得危险。

总结

社会影响改变他人的思想、情感和行为。可以影响人们的主要原因有两个。做出正确判断的动机在以下情况下特别有效:影响力的接收者不确定自己判断的正确性,而正确性对他们很重要。这称为信息性影响。在做出正确判断不重要的情况下,被他人喜欢的动机起作用。这就是所谓的规范性影响。基于事实的影响策略已被证明是有效的,即对影响接收者的多次请求具有不同的成本。任意分配警卫和囚犯角色的结果是,被试可以显示出各自角色的行为。尽管表达了明显的错误观点,但在 Asch 的研究中有相当多的被试遵循了多数群体的意见。如果少数群体始终如一地表达自己的意见,他们也可以发挥社会影响。Milgram 记录的社会影响与接收者的道德和道德原则相矛盾。他的多数被试都听从权威,所以呈现服从。

推荐阅读

Burger, J. M. (2009). Replicating Milgram. Would people still obey today? *American Psychologist*, 64, 1–11.

Cialdini, R. B. (2009). *Influence: Science and practice* (5. Aufl.). Boston: Allyn & Bacon.

Milgram, S. (1993). *Das Milgram Experiment. Zur Gehorsamsbereitschaft gegenüber Autorität*. Reinbeck: Rowohlt.

Moscovici, S. (1980). Towards a theory of conversion behavior. In L. Berkowitz (Hrsg.), *Advances in experimental social psychology* (Bd. 13, S. 208-239). New York: Academic Press.

Zimbardo, P. G. (2007). *The Lucifer Effect: Understanding how good people turn evil*. New York: Random House.

自我评估问题

1. 讨论信息性和规范性影响的作用。

2. 解释得寸进尺法和以退为进法之间的区别,并解释两种技巧为何起作用。

3. 在什么情况下,多数派的影响强于少数派的影响?在什么情况下少数群体会获得相当于多数群体的说服力?

4. 多数派和少数派为什么起作用?讨论解决此问题的一次流程和两次流程的模式。

5. 即使在今天,人们似乎也相当服从权威。如何解释这种现象,特别是考虑到服从本身就是价值这一点是不可取的?

第 7 章

偏　见

> **内容**
>
> 偏见是对社会群体的消极态度。对自我群体的偏爱曾非常公开,但如今表现得更隐蔽。当社会群体为稀缺资源争斗时会产生偏见,自我群体和外部群体之间的差异变得明显时,偏见也会出现。偏见通过自我实现的预言创造了自己的现实,并在适合的条件下通过接触来减轻。

本书作者在因斯布鲁克大学任教,最近医学院在进行院长竞选。大学评议会推荐了一位女教授,但是大学理事会任命了一位男教授。候选人抗议没有任命她,并对流程作以下评论:"女人成为教皇也不能担任因斯布鲁克的院长。"本章节的主题是,人们因其**社会群体关系**而在何种程度上处于不利地位,即他们是否受到偏见。我们将首先定义刻板印象、偏见和歧视,然后讨论有关的成因和后果,并在本章中讨论潜在的对策。

7.1 定义

我们都是各种社会群体的成员。例如,这本书的作者是德国大学的教授,他在大学教授社会心理学。他自己的群体包括男性、德国人、大学教授和社会心理学家。对他来说,可以区分各种外群体,例如女性、非德国人、非大学教授和非社会心理学家。

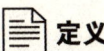 **定义**

自我群体：自身归属的群体。
外群体：自我群体之外的群体。

属于某些社会群体的人通常会对其自我群体的其他成员作出积极的反应。不幸的是，通常人们不仅对自我群体持积极态度，而且对外群体也常常持所谓的偏见。**偏见**是对外群体的消极态度。这意味外群体成员的地位要比自我群体的地位低。例如，多年来同性恋被视为可以治愈的疾病。同性婚姻仍然被认为不如异性婚姻，这由许多国家不允许同性婚姻所反映。

定义

偏见：对外群体的消极态度。

通常，社会不仅由于群体成员身份而对一个人产生消极态度，此人还会看到自己遭受消极行为。偏见的这种行为被称为**歧视**。例如，直到1950年代，美国黑人才被允许和白人乘客一起坐公共交通工具的座位。

定义

歧视：对于一个人的负面行为基于他的社会群体身份。

最后，偏见的认知成分还是会被区分出来，这些被称为**刻板印象**，描述了关于社会群体特征存在的某些观念及这些特性被推广到该群体所有成员的现象。斯瓦比亚人被认为是节省的。如果你认识一个斯瓦比亚人，你可以毫无疑问地设想他很看重钱。

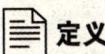 **定义**

刻板印象：群体的每个成员被指定相同的特征。

7.2 偏见的形式

在大多数西方国家里,禁止性别歧视。然而,从事同一工作的女性收入通常比男性少得多,而且她们在高级机构中的人数通常远远不足。目前,在30家DAX公司的董事会成员中,只有大约2%是女性。即使女性担任领导职务,她们通常也比男性面临更大的阻力。女性担任经理的评价明显比男性差,特别是如果她们表现出典型的男性化领导风格(Eagly, Makhijani & Klonsky, 1992)。有趣的是,不仅男性更喜欢男性管理者,而且女性也更喜欢男性管理者(Rudman & Kilianski, 2000)。

与男性相比,女性的劣势如今已不那么明显了。在德意志联邦共和国,直到1977年,法律规定女性征得丈夫的同意才能工作。直到1958年,男性才允许他的妻子管理她带来的婚姻财产,并独自处理其收入。长期以来,允许女性投票并不是理所当然的事情:瑞士于1971年才引入女性投票权。近年来,少数族群的状况也得到了明显改善。然而,在不同的地区一个人的出身始终会对其产生影响。例如,在法庭上,不应该有人因肤色而处于优劣势,但是一个人的种族在法庭判决上起着重要作用。例如,在美国,黑人囚犯远远高于平均水平。在加利福尼亚州,黑人占人口的7%,而在监狱中,却有32%是黑人。在18至30岁的所有黑人中,有三分之二被拘留了至少一次,黑人比白人更有可能被判处死刑(特别是如果受害者是白人)。

法庭上的歧视往往非常严重。例如,Hodson, Hooper, Dovidio 和 Gaertner(2005)能够证明相比白人黑人更有可能被描述为有罪,当你作为有判断力的人而不被视为种族主义者,这种趋势才不会出现。在这项调查中,白人心理学专业的学生获悉,白人或黑人被告可能犯有抢劫罪。至少,DNA证据表明了罪魁祸首。但是,该证据在法庭上是可以被受理的,也可以不被受理(这就是说,明确建议被试不要将DNA分析考虑在内,也不要将其包括在他们的判断中)。如果DNA证据不被受理,黑人被告被判有罪,而不是白人。另一方面,如果DNA证据是可以被受理的,则白人被告比黑人更容易被判有罪(见图7.1)。因此,如果有充分的理由可以将某项决定视为非种族主义,那么人们仍然会偏好自我群体。

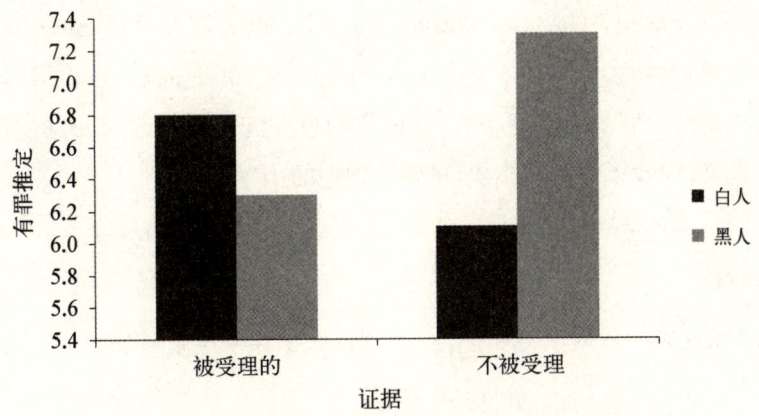

图 7.1　平均有罪推定取决于证据的受理性以及被告的肤色
资料来源：根据 Hodson et al.，2005。

7.3　偏见的成因

7.3.1　群体间的冲突

在我们的日常生活中，很多事情都是零和博弈：一个人赢得什么，另一个人就失去什么。在冰球比赛中，一支球队赢了，另一支球队输了。当你申请心理学学习名额时，你正在和也想要学习名额的其他人竞争。而且由于名额有限，你的幸运获得是另一位没有得到名额的申请人的不幸。如果你自己是失败者，那么失望当然会很大。当你认为自己被忽视是因为来自其他群体的某人受到了青睐失望会变成气愤和愤怒。

> 📦 **举例**
>
> 我们回到学位问题上。许多奥地利大学抱怨德国人拥入大学。一方面，有人指出，奥地利的纳税人为外国学生提供免费的学习名额。另一方面，某些科目进行了入学考试，一些奥地利申请人不及格，但外国申请人获得了名额，这有时会引起很大的误解。许多德国人也在瑞士学习，那里专门针对外国学生推出了学费。

在资源匮乏时期（不幸的是，几乎总是这样），群体间的冲突几乎是可以预见的。因此，现实的群体冲突理论指出，尤其是当不同的群体具有不相容的竞争利益时，就会发生偏见。穆扎弗·谢里夫著名的夏令营实验首次通过实验证明了这一点(Sherif, Harvey, White, Hood & Sherif, 1961)。Sherif 将 11 至 12 岁的男孩分为两组,并让他们执行不同的任务。短时间后,各小组的强烈认同感得以发展。两个小组竞争后,他们之间也充满敌意。因此,男孩们欺辱了另一组成员,烧毁了他们的旗帜,摧毁了他们的小屋。

> **备注**
>
> 根据现实的群体冲突理论,当不同的社会群体争夺稀缺资源时会产生偏见。

幸运的是,Sherif 还展示了如何减少两组成员之间的负面反应。首先,研究两组之间增加接触是否导致冲突减少。但是,事实并非如此。只有当设定小组必须一起完成任务时,情况才得以缓和。当必须一起修理供水(调查人员以前没发现过)、集合两组的钱去看电影,以及从沟里吊起一辆卡车,两组间建立了友谊。

7.3.2 "我们"和"他们"的分类

但是,群体之间的冲突对偏见的形成真的必要吗?人们自发地认为自己属于不同的社会群体,并将他们与其他人群区分开。将人们按社会类别进行社交分类可能足以使自己的群体比外群体更受偏爱。这是**社会认同理论**的核心假设之一(Tajfel & Turner, 1986)。

> **备注**
>
> 与现实的群体冲突理论相反,社会认同理论假设,即使没有资源冲突也可能发生偏见。

根据社会认同理论,人们需要实现并保持积极的自我概念。但是,自我概念不仅由个人特征(**个人身份**)定义,而且还由群体成员身份(**社会身份**)定义。我可以通过良好的考试成绩或自己在运动中的成功来巩固自己的个人身份。如果我以自己成为一个社会群体的成员而感到自豪,那么社会认同感可以增强我的自我观念。很多芬兰人当然很高兴自己的国家在 PISA 研究中每次都取得如此成功的成绩,即使他们自己没有参加考试,也就是没有直接参与成功。体育也可以帮助建立积极的社会认同感。尽管德国人通常对国家足球队的成功感到高兴，但奥地利人和瑞士人也为他们的滑雪运动员感到骄傲。Cialdin 和他的同事从实验上证明，与自己的社会群体的成功建立联系可以增加自己的自我价值。如果自己的团队赢了，那么会说"我们赢了"，而以"他们输了"区别对手。同样，在赢得大学橄榄球比赛之后，学生穿同样颜色衣服的频率要比他们的球队失败时更高。在德国的重大汽车赛事中也可以观察到同样的情况：许多车手高举德国国旗。但是，如果德国队从比赛中被淘汰，则旗帜很快被撤下。根据社会认同理论，人们喜欢自己的社会群体而不是外群体，以增强自己的自我价值。由此可以推断，自我价值受到威胁会导致一个人对自己的群体产生特别强烈的偏好，而一个人对自己的群体的偏好反过来会增加一个人的自我价值（见图 7.2）。

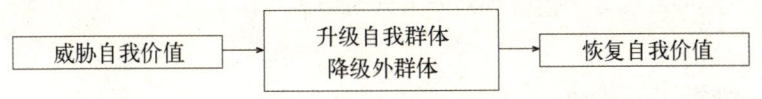

图 7.2　根据社会认同理论，一个人的自我价值与偏见之间的关系

Fein 和 Spencer(1997)在一项研究中检验了这两个预测。被试接受了智力测验，并收到了正面或者负面的反馈。然后记录被试的自尊。随后，向被试提供有关已申请工作的候选人的信息。该候选人要么是犹太人（Julie Goldberg），要么是意大利人（Marie D'Agostino）。一项预测表明，参加这项研究的学生对犹太人有负面情绪。要求被试对候选人进行评分，然后再次评估他们的自我价值。事实证明，自尊受到负面反馈威胁的被试对犹太候选人的评价比对意大利候选人的评价要差。另一方面，获得正面反馈的被试对犹太人和意大利候选人的评价相当。此外，接受负面反馈并给犹太候选人降级的被试的自尊增幅最大。通过从外群体中贬低一个人，显然可以提高自己受到威胁的自我价值。

7.4　对相关人员持刻板印象的后果

当属于弱势群体时，感觉如何？棒极了。例如，美国黑人的自我价值高于美国白人（Twenge & Crocker，2002）。此外，这可以通过以下事实来解释：作为少数群体的成员，一个人可以用另一个人的偏见来解释对自己的负面行为，从而保护自我价值。

但是当你成为刻板印象的对象时,你会怎么做?各种研究表明,人们经常按照刻板印象行事。这是由他人的行为以及对刻板印象内容的纯粹意识触发的。

7.4.1 刻板印象的确认

Word 及其同事(1974)证明,对黑人的刻板印象如何创造自己的现实。与黑人受访者相比,访问者离白人受访者坐得更近,花了更多的时间进行采访。申请人由独立观察员评估。这些评估表明,黑人申请者被认为比白人申请者缺乏信心和能力不足。黑人申请者和白人申请者的不确定行为真的是由于被试的交谈方式不同导致的吗?答案:是。在第二项研究中,指示被试以和第一项研究中的黑人或白人申请者相同的方式采访其对话人。

7.4.2 刻板印象威胁

弱势社会群体的大多数成员都知道外界对他们群体的看法。美国黑人知道他们的群体在学业上表现不佳,或者女性知道她们在数学上不如男性。即使他们自己没有共同的刻板印象,他们仍然能感觉到威胁。至少 Steele(1997)认为,社会群体的成员担心自己的行为会证实对他们团体的负面刻板印象。当美国黑人进行能力测试或者女性进行数学测试时,他们总是对某些恐惧产生共鸣,负面的测试结果可以证实整个社会群体的负面印象。反过来,这种恐惧会降低成绩,从而自我实现预言意义,恐惧会影响人们的偏见。

> **备注**
>
> 刻板印象威胁:对社会群体的刻板印象的认识在测试情况下引发了人们对自己的行为可以证实这种刻板印象的恐惧,反过来,这种恐惧可以通过影响表现并因此确认刻板印象而像一个自我实现的预言。

在一项研究中,Steele 和 Aronson(1995)要求美国一所精英大学的白人和黑人学生从事非言语的任务。被试被告知,这些是用于评估一个人智商的诊断性或非诊断性的任务。Steele 和 Aronson 认为,从刻板印象的角度看,所谓的诊断任务似乎具有威胁性,而非诊断性任务则不构成威胁。实际上,当任务被诊断为具有诊断意义时,黑人被试正确执行的任务少于白人被试。另一方面,如果没有显示它们具有诊断意义,则黑人和白人被试的表现并无差异。

担心自己的社会群体承受负面刻板印象会对能力产生负面影响的这种效应已经在大量研究中得到了证实。例如,在一项研究中,一些男学生和女学生被告知,在早期的测试中,数学任务的表现存在性别差异。其他被试得知任务中没有性别差异。在第一种情况下,女生正确完成数学任务的人数少于男生,而在第二种情况下,两种性别的表现相同(Spencer, Steele & Quinn, 1999)。

当产生刻板印象威胁时,哪一部分的身份得到强调变得至关重要。例如,亚洲女性了解刻板印象,即亚洲人被认为在数学任务方面特别熟练,而女性则被认为数学较差(Shih, Pittinsky & Ambady, 1999)。当强调种族时,亚洲女性实际上做得更好,而当她们意识到自己的性别身份时(每一个都有对照组),她们的表现就会变差。

有许多方法可以有效地减少刻板印象威胁。对于本书的读者而言,Johns, Schmader 和 Martens(2005)的一项研究发现尤其令人放心:被告知刻板印象威胁的女性在数学任务上的表现并没有比男性差。(相比没有收到任何信息的女性。)

7.5 对策

自我群体和外群体之间的联系

在 Sherif 的研究中,我们已经了解到减少偏见的有效措施:追求共同目标有助于模糊群体之间的界限。Sherif 的研究还表明,仅各个群体成员之间的接触并不会减少偏见。Allport(1954a)也指出,在适当的条件下,不同社会群体成员之间的接触只能帮助减少歧视并改善这些群体之间的关系。实际上,在美国种族隔离解除之后,白人对黑人的偏见有所增加而并未减少。Stephan(1986)追踪了种族隔离期间和之后进行的所有研究,并确定了白人对黑人的偏见是否减少,保持不变或增加。结果见表 7.1。

表 7.1 由于种族隔离的废除,偏见发生了变化

偏 见	百分比研究
减少	13
不变	34
增加	53

资料来源:Stephan, 1986。

不同社会群体成员之间进行接触的适用条件是：

- 群体的相同状态
- 共同目标
- 随意的人际交往
- 社会平等准则

在这种情况下，接触可以增进对外群体的了解，减少与外群体成员接触的恐惧，并促进同情心和对外群体的看法(Pettigrew & Tropp, 2006)。

一些有关接触假设的评论指出，接触对于那些对外群体的成员几乎没有偏见的人有效，但对那些特别容易产生偏见的人却没有作用。但是事实并非如此。相反，接触可以改善对外群体的态度，尤其是对外群体持消极态度的人(Hodson, 2011)。在适合的条件下进行接触尤其适用于最需要改变偏见的人。因此，重要的是，应鼓励对外群体持消极态度的人与外群体成员进行接触，因为这些人倾向于避免接触。

有趣的是，不仅与外群体成员的直接接触可以促进群体之间的接纳和理解，而且有助于了解自我群体成员与外群体成员之间的联系。这被称为间接接触(Pettigrew, 1998)。

备注

在适当条件下，社会群体成员之间的直接和间接接触可以减少偏见。

自我证实

以上我们看到，基于社会认同理论，Fein 和 Spencer(1997)在一项研究中发现被试对外群体进行了贬低以增强他们的自尊心。但是，如果自尊心得以增强，则可以不需贬低外群体。Fein 和 Spencer 在另一项研究中检验了这一预测。被试首先确认是否具有自尊。然后他们再次评估了犹太或者意大利求职者。当没有确认自尊，对犹太候选人的评估比对意大利候选人的评估更为负面。但是，如果确认了自尊，则对两组候选人的评估相当。因此，自尊受到威胁会滋生偏见，但增强自尊会减少偏见。

总结

我们都是某些社会群体(所谓自我群体)的成员。一个人可以与外群体区分开：我们认为自己不属于的群体。对外群体成员的消极态度被称为偏见。歧视是本群体对外群体的偏见的行为层面。刻板印象是将相同特征归因于社会群体的各个成员。外群体此前曾公开处于不利地位。如今，自我群体偏好变得更隐蔽。当不同社会群体的成员有相互排斥的需求时，就会产生偏见。但是，仅将人们分为自我群体成员和外群体成员会导致他们的自我群体成员的偏好。对自我群体成员的这种偏爱(对外群体成员不利)导致自尊的提高。社会群体的大多数成员都知道偏见。即使他们不存在这种偏见，仅凭刻板印象就可以通过自我实现的预言使之成真。在适当的条件下，可以通过不同的社会群体成员之间的直接和间接接触来减少偏见。提高自尊可以减少偏见。

推荐阅读

Brown, R. J. (2010). *Prejudice: Its social psychology* (2. Aufl.). Oxford: Wiley-Blackwell.

Fein, S. & Spencer, S. J. (1997). Prejudice as self-image maintenance: Affirming the self through derogating others. *Journal of Personality and Social Psychology*, 73, 31-44.

Pettigrew, T. F. & Tropp, L. M. (2011). *When groups meet: The dynamics of intergroup contact*. Philadelphia, PA: Psychology Press.

Steele, C. M. (1997). A threat in the air: How stereotypes shape the intellectual identities and performance of women and African-Americans. *American Psychologist*, 52, 613-629.

Tajfel, H. & Turner, J. C. (2004). An integrative theory of intergroup conflict. In M. J. Hatch & M. Schultz (Hrsg.), *Organizational identity: A reader* (S. 56-65). New York: Oxford: Oxford University Press.

自我评估问题

1. 区别自我群体与外群体。
2. 区别歧视和刻板印象。
3. 现实中的群体冲突理论如何解释偏见的出现?社会认同理论又如何解释?
4. 为什么遭受偏见的社会少数群体成员的自我价值没有降低?
5. 对刻板印象的了解如何导致刻板印象?
6. 在什么情况下接触会减少偏见?

第 8 章

群　　体

> **内容**
>
> 群体中的表现和决策怎么样？在其他人存在时，个人在简单任务上的表现会更好，在困难任务上会削弱执行能力。与他人合作时，失去协调和动力会降低群体成员的表现。整个群体很少能发挥其潜力，而群体中的决策大多是次优的。

当决策确实很重要时，很少依赖一个人的意见，而是用群体来做决策。基本上假设可以将几个人的知识、经验和信息汇总在一起使用，以便可以做出更好的总体决策。群体决策到底有多好？在本章中，我们讨论群体效率和决策能力，并讨论他人的存在如何影响个人的效率以及如何评估个人在群体工作中的力量。

8.1　在他人面前的个人表现

现代社会心理学的第一个实证研究涉及的问题，是他人的存在是否对个人的效率有促进或抑制作用(Triplett，1898)。Triplett 观察到，一个团队中的自行车手速度比独自骑行时快。实际上，在一项对照研究中，他发现有其他孩子在场时孩子完成简单任务的速度比独处时更快。

> **备注**
>
> 社会促进：他人的存在会促进个人表现。

在随后的研究中,这一发现被重复了好几次,不仅在人类中发现,而且在动物界(例如猴子、蚂蚁和蟑螂)中也可以发现。另外,不论其他人是亲身参加同一任务还是作为观众都能产生社会促进。但是,其他研究表明,其他人的存在不仅会促进个人表现,而且实际上会使个人表现保持一致。

> **备注**
>
> 社会抑制：他人的存在会降低个人表现。

数十年来,在何种情况下会产生社会抑制仍然不清楚。直到1965年,罗伯特·扎荣茨才发现任务的**难易程度**决定了其他人的存在对效率是否具有促进或抑制作用。对于简单、学识丰富的任务,其他人的存在是有益的；对于复杂、新颖的任务,则是妨碍的。

> **举例**
>
> Michaels, Blommel, Brocato, Linkous 和 Rowe(1982)通过让有经验和没有经验的台球选手独自或在四个观察员在场的情况下打台球来研究这项原则。尽管经验丰富的玩家(对于他们而言,游戏是一件容易的事情)受益于观察员的出现,但缺乏经验的玩家的表现却有所下降。

为什么他人的存在会提高简单任务的表现,而降低人们在困难任务上的表现？他人的存在通常会增加情绪激发。反过来,会导致激怒,人们更倾向主导反映(在个人的行为举止中具有优先权的反映)。对于简单的任务,你通常会自发选择正确的解决方案,而对于困难的任务,直观选择的替代方案通常是错误的。因此,由于主导反映对于简单任务大多是正确的,而对于困难任务大多则是错误的,因此其他人的存在有利于简单任务的表现,但会降低困难任务的表现。

> **备注**
>
> 其他人的存在促进了所展示人简单任务的表现而降低了困难任务的表现。

8.2 在群体中的个人表现

> **举例**
>
> 你是四人组的成员,应撰写研讨会论文。一周又一周过去了,但小组没有取得进展。在某种程度上,这是因为繁忙的日程安排使得很难找到大家都合适的见面时间。此外,你和同学们感觉,如果他们想做的话,他们可以做更多的事情。然后和同学们讨论你的观察。第一个人认为四个人绰绰有余,因此他自身的贡献是不必要的。第二个人并没有说清楚,但是你有一种感觉,他不想投入太多工作,因为研讨会负责人没有为他的贡献单独评分。第三人那里,你听到他害怕被小组中的言论嘲笑。最后,你发现自己可以为研讨会工作做出更多的贡献。但是,由于你认为其他人的工作效率较低,因此你出于害怕被利用而减少自己的努力。

如本例所示,与单独工作相比,小组中的人通常做得更少。这种群体情境下个人表现不佳的现象通常归因于失去协调和动力(Hill, 1982)。

8.2.1 协调损失

当小组成员无法最好地为小组贡献其个人贡献时,就会发生协调损失。小组讨论是发生协调损失的一个典型例子。小组讨论通常由少数人主导。在其他小组成员发言时,你无法提出自己的想法,而其中的一些想法在讨论过程中会被遗忘,因此无法被带入小组。此外,如举例中所述,协调问题可能会使成功的小组工作变得困难。

8.2.2 动机损失

在集体执行任务时,小组的每个成员通常感到自己的努力和小组的全体成功之间存在微小的联系。另外,个人在集体环境中做出努力的动机通常不高。由于这些原因,个人在集体环境中做出努力的意愿要低于单独执行同一任务的意愿。失去动力的常见原因是搭便车效应,周围的社会懈怠,评价恐惧和Gimpel效应。

搭便车效应

搭便车效应是由于个人贡献在小组中的可分配性更高。

社会懈怠

在小组工作时，个人努力会减少，因为自己的贡献被认为无法确定。

评价恐惧

个别组员担心他们的贡献被其他成员否定，这意味着他们会对自己的付出有所保留。

Gimpel 效应

小组成员几乎没有为其他小组成员付出多少努力，就会减少自己的努力，而不仅是模仿其他成员的行为。实际上，感觉到的不公正感会降低付出努力的意愿。

失去动力会严重影响个人在小组环境中的表现。因此，绝对应注意创造条件，在这种条件下，动力损失的发生频率降低。例如，增加了个人贡献的可识别性、不可缺少性和评估可能性（Shepperd，1993）。

8.2.3 激励收益

但是，在小组环境中，不仅会发生协调和动力损失，还会产生过程收益。尽管到目前为止还没有显示出协调收益，但相关文献中有两个动机收益记录在案，即**科勒效应**及**社会补偿**。

> **定义**
>
> 科勒效应意味着，当个别小组成员的个人表现稍有不同时，效率较低的个体特别会付出努力。

> **定义**
>
> 与个人任务处理相比，社会补偿表现为集体环境中工作意愿的增强。在这里，绩效能力较高的小组成员会付出自己的努力来弥补其他成员绩效的下降。但是，此效果仅在主观上很重要的任务中出现。

8.3 群体表现

一般而言，人们认为群体的表现要好于个人。让我们思考拔河：在

Ringelmann(1913)的一项早期研究中,记录了由单人和 7 至 14 个人组成的小组的力量。单人平均约 85 千克,7 个人一组平均约 455 千克,14 个人一组平均约 860 千克。乍一看,群体明显优于个体。此外,大型团体比小型团体更有力量。但是,如果你查看每个人的平均体重,则可以看到 7 人组的单个成员平均拉力约为 65 千克,14 人组的单个成员平均拉力约 61 千克(大大低于 85 千克的个人)。

因此,在许多情况下,小组的表现要好于相应的个人表现,但是如果以适当的方式将提供个人的小组成员的部分表现进行适当的组合(所谓的**群体潜力**),则小组可以达到一般情况下很难达到的整体表现。

> **定义**
>
> 如果以最佳方式组合各个成员的部分表现,则可获得群体潜力。

不幸的是,几乎没有出现过取得**协同效应**的群体,即群体取得的成就超过其各个个体的总和。在上面的拔河示例中,7 人小组应该拉出超过 7×85(595) 千克的绳索,这样他们就可以发挥出超越个人表现的团队潜力。455 千克的实际值离它很远,在 14 个人的小组中,群体潜力甚至更低(见图 8.1)。

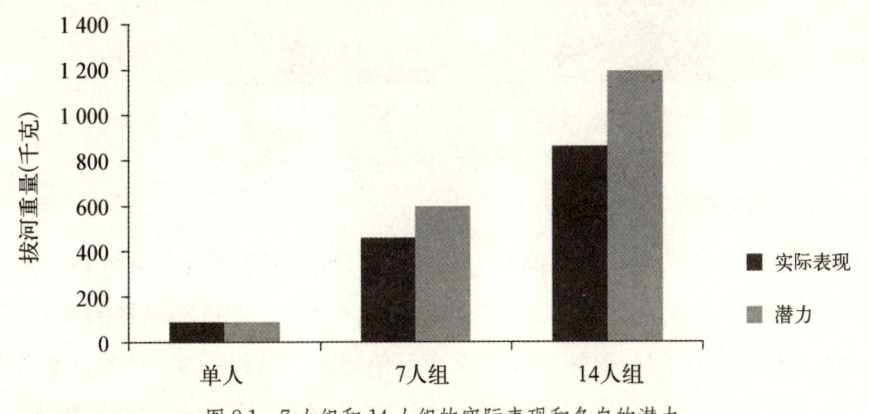

图 8.1 7 人组和 14 人组的实际表现和各自的潜力

资料来源:根据 Ringelmann, 1913。

但是,当拔河时,应该注意的是,个别成员几乎不相互作用,而是或多或少地**并肩**行动。小组成员可以在任务中相互激发以更好地发挥自己的潜力。**头脑风暴**是此类作用的主要例证。进行集体讨论时,团队会针对特定问题搜集尽可能多的解决方案。头脑风暴的发明者亚历克斯·奥斯本认为,小组应该比个人更好,因为你只能在小组背景下接受、合并和发展其他成员的想法。只是,头脑风暴小组有多好,如果将之与团队潜力进行比较?

Diehl 和 Stroebe(1987)研究了这个问题。在他们的研究中,被试就如何改善德国人和外来工人之间关系单独提出想法,或以 4 人小组提出想法。然后对想法进行计数,确定非冗余的想法以及好主意的数量。然后将互动小组和所谓的**名义小组**(在此:一组 4 个单独工作的被试)进行比较。事实证明,相互影响的小组平均产生了 27 个想法,但是名义上的小组却产生了 74 个想法。实际小组表现未超过小组的潜力。互动的小组可能会产生较少的想法,但主要是好的想法。但事实并非如此。平均而言,相互影响的小组提出了 3 个好的想法,名义上的小组提出了 8 个好的想法(见图 8.2)。

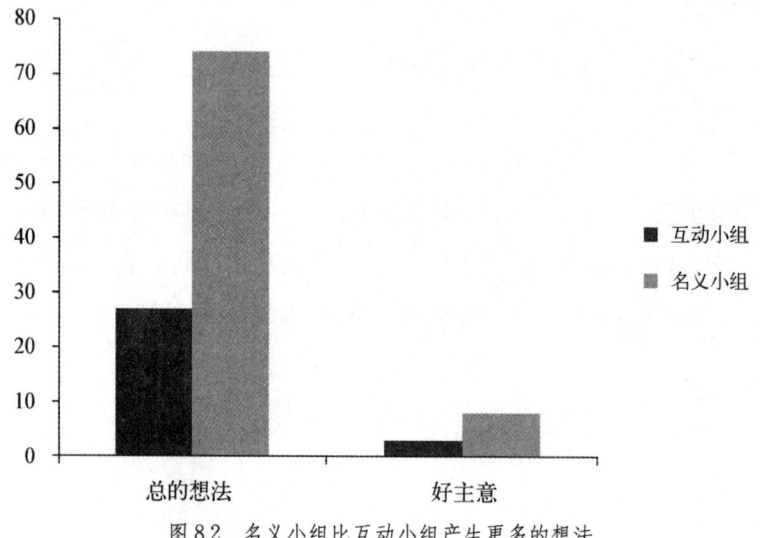

图 8.2　名义小组比互动小组产生更多的想法

资料来源:根据 Diehl & Stroebe, 1987。

为什么群体无法发挥自己的潜力?一方面,发生了诸如社交懈怠和搭便车之类的动机损失。另一方面,失去协调降低团队表现。在头脑风暴的例子里,建议使用电子辅助工具,群体成员记下自己的想法。这样一来,就不会丢失任何想法,不仅是具有钻研意识的成员,不情愿的成员也得提出他们的想法,而且每个成员都不必因为等待对方说出来而妨碍各自表达观点。

在考虑团队绩效时,我们不仅应该考虑劣势,还应考虑机遇。不容忽视的是,与他人合作可以实现个人无法实现的成就。让我们回到 Tripletts 骑自行车的例子。世界上最大的自行车比赛,环法自行车赛,几乎每年都有一次或多次个人计时赛和团结计时赛。对于个人计时赛,也就是说不在其他车手车流中,保持一定距离出行。但是,在团队计时赛中,允许在团队成员的共同推动下进行骑行。顺畅骑行是一个巨大的优势,可以通过数字清楚地记录下来。例如,在 2011 年环法自行车赛中,个人计时赛的获胜者,Tony Martin,达到了每小时 45.9 千米的平均速度。另一方面,团体计时赛中的获胜队伍则达到了每小时 55.6 千米的平均速度。整个小组的整体表现明显好于单个小组队员。

8.4 群体评价与决策

群体表现通常比单个成员的表现要好,但很少达到或超过单个成员的表现潜力。那么群体决策的质量怎么样?

8.4.1 隐藏档案

当没有单独的成员可以根据他们获得的信息来选择客观上最佳的决策方案时,就特别需要作为决策者的群体。"隐藏"档案就是这种情况。

📄 **定义**

在隐藏档案的情况下,信息分配方式是,与所有信息都是已知的情况相比,单独提交的信息提出了不同的决策(Stasser, 1988)。最佳替代方案的优越性只能在群体讨论中发现。

在下文中,我们讨论了两个备选方案和 3 个成员的隐藏档案的信息分布。为了简化说明,该示例仅包含肯定的信息,所有这些都同样强烈地支持决策。在讨论之前,所有 3 个成员均收到有关替代方案 A 的 2 个(不同)积极信息和关于替代方案 B 的 3 个(相同)积极信息,因此,每个成员分别偏爱替代方案 B。但是,通过讨论该信息,成员可以发现所有成员都具有与备选 B 相同的信息,因此仅对 B 有 3 条信息。相反,由于成员拥有不同的信息,总共有 6 种信息可供选择 A 使用。因此,整个群体选择了备选方案 A。

为了能够做出最佳决策,在隐藏档案的情况下必须将成员各自的特殊知识纳入决策。仅一组可用的信息称为未分割信息。所有成员都知道的信息称为共享信息。群体在加工此类隐藏档案方面有多成功?不幸的是不是很成功。

大量研究表明群体大多无法解决隐藏特征(Mojzisch & Schulz-Hardt, 2006)。原因之一是对共享信息的优先讨论,而几乎没有提及与决策相关的未分割信息(Stasser, 1988)。Gigone 和 Hastie(1993)则指出群体成员的个体决策偏好的影响。并不是缺少交换未分割信息,相反,在隐藏档案条件下不正确的个人决策偏好是导致错误群体决策的原因。他们更多讨论(错误的)个人偏好,而较少讨论可用的有关各替代解决方案的信息。错误的群体决策的原因不仅可以在群体层面上找到,而且可以在个人层面上找到。如果通过虚构的讨论将有关个人选择方案的信息提供给他们,个人决策者也无法解决隐藏档案的问题(Greitemeyer & Schulz-Hardt, 2003)。根据对社会判断的研究,基于这种判断,通常只能通过相反的论据来充分纠正个人意见,因此群体成员会坚持自己(错误)的偏好。

> **备注**
>
> 群体很少可以解决隐藏档案。造成这种情况的原因是,未分割信息的交换不足,对于个人决策偏好的过早比较以及群体成员对他们的输入偏好的坚持。

基于这些考虑,应该鼓励群体及其成员不仅比较他们的个人偏好,而且要讨论尽可能多的信息(尤其是所有未分割信息),并准备批评自己的观点。

8.4.2 群体思维

缺乏质问自己的立场是 Janis(1982)提出的群体思维模型的主要特征之一。该模型基于对美国对外政策中某些最大惨败(例如越南战争升级)的内容分析评估。Janis 将这些惨败与成功的政治决定(例如对古巴导弹危机的应对)进行了对比。该分析表明,群体成员之间不正常的互动模式(他称之为群体思维)导致公然的错误决策。

群体思维可以看作是思维上的统一,导致过度争取和谐与共识,这是以对情况进行批判性分析为代价的。尤其是,那些受到威胁的**凝聚力群体**紧密团结,互相确认,以应对局势。群体会高估自身,向持不同意见者施加了巨大压力,要求他们采纳多数意见。结果,行动的备选方案未得到充分审查,而首选备选方案的风险被低估了。

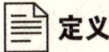 **定义**

群体思维描述了一个亏损的决策过程，其特征在于过度努力争取单个成员的一致意见。

借助局外人，可以减少群体思维，还有助于形成独立的群体，彼此独立地讨论该话题。最后，"魔鬼辩护人"（advocatus diaboli）减少团体思维的技巧已得到证实。群体成员扮演魔鬼辩护人的角色，工作是批判性地质疑多数意见，发现可能的弱点，并在群体讨论中引入其他观点。Grundidee 所有这些建议，与隐藏档案一样，旨在防止过早达成共识并带来多种观点。

8.4.3 群体两极化

 **举例**

想象一下，你和你的两个同事评估了两个求职者的适合性。范围从 −5（根本不适合）到 0（中性）到 +5（非常适合）。你和同事应该首先分别评估两个候选人，然后讨论对他们的评估，再次提交个人评估。第一个候选人不太合适，因此你们给他打分 −2、−1 和 −3。第二位候选人给你们留下了深刻的印象，这也反映在你们的 +3、+2 和 +4 评分中。在交换并讨论了评估意见后，你和同事分别评估两个候选人。现在给出第一个候选人评分 −4、−2 和 −4，第二个候选人评分 +4、+4 和 +5。小组讨论后，你们的个人评估变得更加极端。

在群体讨论之后，这些个人判断的更极端变化称为**群体两极化**（Moscovici & Zavalloni, 1969）。如上例所示，判断将朝着群体讨论之前大多数群体成员倾向于的判断维度的末端移动。例如，如果个人判断的平均值倾向于在群体讨论之前选择冒险，那么在群体讨论之后倾向于选择更冒险。另一方面，如果存在倾向于规避风险的替代方案的趋势，则群体讨论会导致倾向于选择风险更低的替代方案。

 **举例**

投资银行家决定投资数十亿欧元。你可以选择高风险认股权证，风险

> 较小的股票,相对安全的基金甚至更安全的债券。平均而言,如果单个投资银行家在群体讨论之前购买股票,那么他们倾向于随后购买权证。另一方面,如果他们以前曾青睐基金,那么他们将购买债券。

总结

他人的存在可以提高简单任务的效率,降低困难任务的效率。与他人一起工作时,会失去协调和动力,从而损害单个群体成员的绩效。动机的提高也可以对绩效产生积极的影响,但是影响很小。我们希望群体合作产生协同效应,也就是说,各个群体成员互相支持。但是,这种希望是具有欺骗性的:超过群体潜力的群体表现几乎从未实现。重要的决定主要是由群体而不是个人做出的。社会心理学研究也表明,群体决策常常是有缺陷的。

推荐阅读

Janis, I. L. (1982). *Groupthink* (2., erw. Aufl.). Boston: Houghton Mifflin.

Levine, J. M. & Hogg, M. A. (Hrsg.). (2010). *Encyclopedia of group processes and intergroup relations* (Bd. 1 & 2). Thousand Oaks, CA: Sage.

Levine, J. M. & Moreland, R. L. (Hrsg.). (2007). *Small groups: Key readings*. New York: Psychology Press.

Mojzisch, A. & Schulz-Hardt, S. (2006). Information sampling in group decision making: Sampling biases and their consequences. In K. Fiedler & P. Juslin (Hrsg.), *Information sampling and adaptive cognition* (S.299 – 325). Cambridge: Cambridge University Press.

Paulus, P. B. & Nijstad, B. A. (Hrsg.). (2003). *Group creativity: Innovation through collaboration*. New York: Oxford University Press.

Stroebe, W., Nijstad, B.A. & Rietzschel, E.F. (2010). Beyond productivity loss in brainstorming groups: The evolution of a question. *Advances in Experimental Social Psychology*, 43, 158 – 210.

自我评估问题

1. 为什么在他人出现的情况下,人们在简单任务中提高表现,但在困难任务中降低表现?
2. 找出最常见的动力损失。
3. 文献中已经证明了哪些激励作用?
4. 什么是群体潜力?通过头脑风暴的任务对此进行解释。
5. 什么是隐藏档案?为什么它是群体决策的首要任务?
6. 为什么群体很少能解决隐藏档案?
7. 解释头脑风暴如何导致错误的决策。
8. 群体讨论后,个人判断如何变化?

第 9 章

人际吸引力及恋爱关系

> **内容**
>
> 人们对归属感有基本的需求,因此要努力建立亲密关系。人与人之间的吸引力源于亲密、熟悉、相似、互惠和身体吸引力。在长期关系中,在关系中所作的投资也会增加与伴侣的联系。不同的爱情理论将同志之爱与激情之爱区分开来。

我们都知道自己会被某些人所吸引的现象,但是我们无法解释原因。同样,有些人我们感到讨厌,却无法说明我们认为该人的哪些特征是如此令人不愉快。许多人认为爱情这个话题更加模糊。你能说说为什么会坠入爱河吗?或者这只是一个重大事件?在本章中,将介绍有关人际吸引力如何产生的一些社会心理学答案,我们将讨论影响我们是否喜欢别人的几个因素。然后我们进入恋爱关系,最后讨论一些关于爱情的社会心理学理论。首先,我们研究人类对归属感的基本需求。

9.1 归属感

人类最强烈的需求之一就是**归属需求**,这样一个人就有被他人接受和喜欢的感觉(Baumeister & Leary, 1995)。因此,社会隔离对我们所有人来说都是极为不舒服的条件。实验研究表明,社会排斥的经历会导致类似身体疼痛的心理痛苦(Eisenberger, Lieberman & Williams, 2003)。根据 Williams(2009)的研究,排斥的经历会降低个人控制感,即生活、自尊和归属感的含义。归属的动机是如此基础,以至于除了少数例外(例如自闭症患者),人们总会试图与他人建立紧密联系。质量而不是人际关系的数量,似乎对于满足归属感至关重要。通常,人们宁愿拥有几个亲密的而非许多关系松散的朋友(Caldwell & Peplau, 1982)。

9.2 人际交往

因此,我们所有人都非常需要亲密关系。但是,并非所有人都能平等地满足我们的需求。那么,为什么我们相比其他人更喜欢某些人?我们首先处理可以用通用术语"熟悉性"和"相似性"概括各种因素。正如我们将看到的,我们喜欢我们熟悉并且与我们相似的人。然后我们看一下身体吸引力如何影响人际关系吸引力。我们还将讨论有关相貌好的人的假设,以及这些假设是否合理。

9.2.1 熟悉和相似

亲密感的影响

你最喜欢哪个同学?难道是你在一次讲座或研讨会上碰巧坐在其身边,然后才认识的人吗?实际上,由于亲密关系,我们特别喜欢与我们有很多联系的人。Festinger 及其同事(Festinger, Schachter & Back, 1950)检验了以下假设:与我们最经常互动的人最有可能成为我们的朋友。在调查中,他们采访了一个学生公寓的已婚居民,他们最亲密的三个朋友也住在该楼。尽管所有公寓彼此靠近,但列出的朋友中有 65% 居住在同一公寓中。此外,公寓内还出现了临近效应。学生公寓之间的距离越近,他们形容对方是自己朋友的可能性就越大(见表 9.1)。

表 9.1 空间邻近性对友谊发展的影响

搬迁公寓	友谊
对门	41%
2门分开	22%

续 表

搬迁公寓	友谊
3 门分开	16%
4 门分开	10%

资料来源：根据 Festinger et al., 1950。

除了身体上的距离，公寓之间的所谓心理距离也影响了友谊。因此，对于公寓的居民，公寓靠近住宅区其他楼层的楼梯的，与离楼梯较远的相比，来自不同楼层的朋友更多（因为后者与其他楼层的居民相遇的频率比前者少）。

邻近对人际交往有益的一种解释是所谓的曝光效应（Zajonc, 1968）。

曝光效应

曝光效应是，你会喜欢经常向自己暴露的刺激，而不是你很少接触到的刺激。

举例

如果你听音乐，也许你自己已经观察到这种现象。第一次听某段音乐时，你什么反应都没有。你听到歌曲的次数越多，对旋律和歌词就越了解。

你某张脸看得越多，脸也会变得越有吸引力。Moreland 和 Beach（1992）要求女实验助手以不同的比率参加讲座。在学期末，向学生展示了来自这些实验助手的幻灯片。实验助手参加该演讲的次数越多，其吸引力就越大（见图 9.1）。

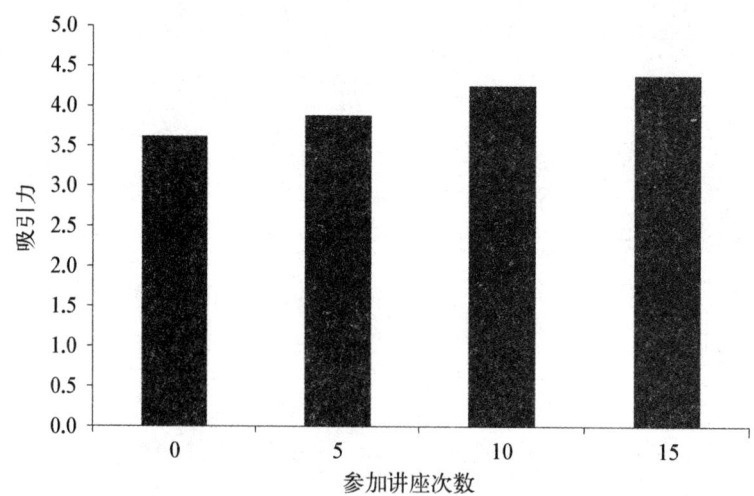

图 9.1　根据参加讲座的次数对实验助手
人格魅力的平均评估

资料来源：根据 Moreland & Beach, 1992。

相似

物以类聚。你喜欢与你相似或与你互补的人吗？大量的社会心理学研究发现，相似性将彼此联系在一起。例如，Newcomb(1961)将男学生随机分配到一个宿舍中。在学期末，他问学生他们交朋友的情况如何。当室友在人口结构变量、态度和价值观方面相似时，友谊产生尤其明显。随后的实验研究证明相似性与人际吸引力具有因果关系。当向被试暗示另一个人与他相像，而第二个人看起来与他有很大不同时，被试通常感觉第一个人比第二个人更具吸引力。

> **备注**
>
> 导致人际关系吸引的是相似而不是互补。

互惠

你为什么喜欢或不喜欢别人的最重要的因素是对此人喜欢你的期望。你喜欢你认为的喜欢你的人，而不是你认为不喜欢你的人。例如，让被试回想自己是如何爱上某人的，他们经常报告说自己以前曾听说过对方对自己有好感(Aron, Dutton, Aron & Iverson, 1989)。

9.2.2 身体吸引力

身体上吸引人的人相比不那么英俊的人具有许多优势。因此，有吸引力的被告比没有吸引力的被告受到的惩罚要轻一些。有吸引力的人得到帮助而没有吸引力的则没有得到帮助；并且有吸引力的人在面试中会留下更好的印象，更有可能被录用。

身体吸引力确定的评价者协定

但是你能判定一个人是否英俊？人们常常声称，不同的人代表完全不同的吸引力标准。然而，实际上，在评估人们的身体吸引力方面有很高的共识(Langlois, Kalakanis, Rubenstein, Larson, Hallam & Smoot, 2000)。一个人可能被某个人视为有吸引力，但未被其他人吸引。但是，当你采访更多的人时，你会在吸引力评价上获得令人惊讶的高度一致结果。

因此，不清楚马库斯是否具有吸引力，如果只有莉和伊莎贝尔来评判的

话,莉可能觉得马库斯很有魅力,但是伊莎贝尔对此并不认同。尽管存在个体差异,但可以在群体层面上清楚地区分好看的人和不太好看的人。人们对马库斯的评分越高,评估者之间的共识就越高。

大约有二十几个法官,已经获得了非常可靠的吸引力值,这些吸引力值是如此稳定,以至于对10 000人的调查几乎没有其他结果(Henss,1992)。男性和女性的吸引力标准也几乎没有差异。研究无一例外地报道了两种性别之间的高度相似性。但是,女性比男性倾向于做出更严厉的判断(Hassebrauck,1983)。因此,由两种性别的评价者来确定两个人中哪个更具吸引力,比男性少的女性认为对方很有吸引力。

📦 举例

玛丽亚和卡特琳娜参加了调查,男性和女性评估者记录了她们的身体吸引力。吸引力的衡量标准为1(非常没有吸引力)到9(非常有吸引力)。男性对玛丽亚的平均评分为7.6,对卡特琳娜的评分为3.4。女性对玛丽亚的平均评分为6.9,对卡特琳娜的评分为2.7。因此,两种性别都认为玛丽亚比卡特琳娜更具有吸引力。人们有很高的共识:男性的评估和女性的评估有高度的相关性。此外,平均值的差异还在于,女性比男性更具批判性。但是,这并没有改变高度的性别共识。

所以,男性和女性双方都非常认同某个人比其他人更具吸引力。此外,以女性和男性为被试还进行了类似的评估,以确定谁有吸引力和谁没有吸引力是否存在文化共识,结果男性和女性之间同样有很高的共识。尽管在评估人类吸引力方面达成了很高的共识,但诸如"情人眼里出西施"之类的说法也有据可循。在一项调查中Cross(1971)要求207名评估员评估一张脸是否有吸引力。在偏好上存在明显的个体差异。例如,被其他评估者描述为最没有吸引力的面孔被四个评估者视为最有吸引力的面孔。

另外,共情与对身体吸引力有密切的联系:对自己的配偶的吸引力的评估几乎总是高于对陌生人的评估(Murstein & Christy,1976)。

吸引力刻板印象

一方面,我们认为我们喜欢的人比我们不喜欢的人更具吸引力;另一方面,与不那么好看的人相比,我们也将好看的人归因于更积极的特征。例如,相貌好的人比相貌不好的人被认为更具有社会技巧、性格外向、善于交际、有主导力、聪明、更快乐、更受欢迎(Eagly, Ashmore, Makhijani & Longo, 1991; Feingold, 1992)。

> **备注**
>
> 吸引力的刻板印象可以总结如下:"美丽的人也是美好的人"(Dion & Berscheid, 1972)。

吸引力刻板印象正确吗?

但是,我们对帅哥的描述是正确的吗?长相好的人实际上比不那么好看的人"好"吗?至少有很好的理由说明为什么相貌好的人应与相貌差的人在性格特征上有所不同。在第3章"社会认知"中,我们讨论了期望创造自己的现实的自我实现的预言。在流行的吸引力刻板印象上,我们对相貌好的人的期望与我们对相貌不太好的人的期望不同。我们可以假设一个相貌好的人比相貌不好的人在社会上更加开放。结果,我们对一个相貌好的人比对一个相貌不太好的人更开放,这意味着相貌好的人比相貌不那么好的人能更公开地做出反应。因此,我们的期望将会实现(见图9.2)。

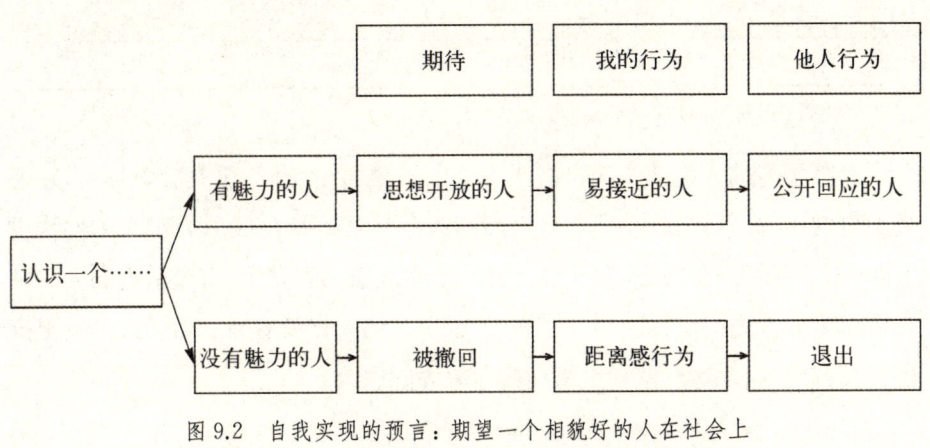

图9.2 自我实现的预言:期望一个相貌好的人在社会上比一个相貌较差的人更为开明,这是不言而喻的

Snyder及其同事(1977)在一项研究中调查了这些因素。男性和女性被试被分别带到不同的房间,他们在这里互相进行电话交谈。男性被试先前已收到有关其所谓对话者的信息包,包括她的照片。但是实际上,这些照片是随机分

配给男性被试的。一些被试收到了一个很有吸引力的女性的照片，另一些则收到了一个没有吸引力的女性的照片。经过 10 分钟的交谈，这些人评估了对话者的各种属性。除此之外，被认为有吸引力的女性比被认为没有吸引力的女性更加友好、社交开放和幽默。也表明，评估者对所谓的有吸引力女性的评价比所谓的没有吸引力的女性的评价更为积极。因此，据称有吸引力的女性实际上在行为上与所谓没有吸引力的女性有所不同。由于两组的实际身体吸引力没有差异（这是预测的结果），因此男性对话者的期望（以及他们的行为）引起了女性被试的不同行为。

相貌好的人真的与相貌不好的人有本质上的区别吗？在一项元分析中，Feingold(1992)总结了所有关于身体吸引力和个性之间关系的研究，并把它们与吸引力刻板印象进行了比较。表 9.2 列出了身体吸引力与刻板印象和实际关系的不同特征之间的相关性。

表 9.2　身体吸引力与不同属性之间的相关性

属　　性	吸引力的刻板印象	实际情况
社交性	.22	.04
主导	.26	.07
性格	−.02	−.01
身体健康	.24	.05
智慧	.15	−.04
社交技巧	.40	.23

资料来源：根据 Feingold，1992。

有吸引力的人被认为比没有吸引力的人更善于交际，更具有主导力，在心理上更健康，更有智慧，并且具有更高的社交技巧。身体吸引力对人的性格没有影响。实际上，在社交、主导力、性格、心理健康和智慧上，有吸引力的人和缺乏吸引力的人之间没有区别。但是，有吸引力的人比没有吸引力的人具有更高的社交技巧，但是这些差异小于刻板印象中的假设。

> **备注**
>
> 吸引力的刻板印象要么不适用，要么被高估。因此，相貌好的人并不像我们期望的那样（积极）。

9.3 浪漫关系

9.3.1 伴侣的偏好

关于人类**伴侣关系偏好**的大多数社会心理学研究都涉及可能的性别差异。在下文中,我们将考虑选择伴侣时男性和女性看中的因素,伴侣的身体吸引力和社会经济地位的重要性以及男性和女性的年龄偏好。在探讨伴侣关系偏好中的性别差异的实证研究结果之前,让我们研究两种理论方法:进化论和社会文化论。

进化解释

进化的方法将伴侣关系偏好视为人们可以提供其生殖成功的一种手段(Buss,2008)。由于女性生殖比男性生殖更复杂,因此她们应该比男性做出更仔细的选择,并且总体上具有更高的标准。此外,与男性相比,她们应该更加注意选择可以照顾她们及后代的伴侣。因此,女性应比男性更重视社会经济地位较高的潜在伴侣。相反,为了能够成功繁殖,男性似乎比女性更多地寻找伴侣。因此,潜在伴侣的出现对男性尤为重要,因为它表明了女性的健康,这对生殖很重要。例如,通常被认对称的脸比不对称的脸更具吸引力,也更健康(Scheib, Gangestad & Thornhill,1999)。此外,男性应该更喜欢年轻的伴侣,因为她们通常会承诺更高的"生殖成功"。

备注

伴侣关系偏好方面的性别差异可以从进化角度追溯到我们的进化过往。

正如我们将在下面讨论的那样,在记录伴侣关系偏好时,伴侣的性格特征(例如可靠性或可及性)被认为比身体吸引力或社会经济地位更为重要。伴侣的性格特征也有助于生殖成功。进化论和社会文化的解释仍然集中在吸引力和社会经济地位上,因为可以就此做出明确的针对性别的预测。然而,关于伴侣性格的重要性,男性和女性之间几乎没有任何区别。

社会文化解释

从社会文化观点假设,男性和女性在偏好上也存在差异,既与男性相比,女性对伴侣的社会经济地位的重视程度更高,而男性则比女性更注重伴侣的外表和年龄。但是,在解释这些性别差异方面,社会文化观点与进化观点不同。社会文化观点并不假设我们的进化史决定了我们的伴侣偏好,而是将性别差异归因于社会条件(Eagly & Wood, 1999)。伴侣关系偏好被视为内部社会规范和社会条件的结果。女性偏好具有较高社会经济地位的伴侣,可以归因于以下事实:由于社会状况她们没有足够机会获得这些资源。男性对有吸引力的女性的偏好,以及对所提供的性关系的反应意愿的差异,可能是所受教育不同的结果。

> **备注**
>
> 从社会文化的观点来看,伴侣关系偏好中的性别差异可以追溯到社会影响。

无法清楚地回答两种观点中的哪一种可以更好地解释伴侣关系偏好中的性别差异。此外,进化论和社会文化观点绝不是互相排斥的。这样,社会文化条件就可以反映出我们根据自己的进化发展出的适应机制(Feingold, 1990)。

伴侣关系偏好中的性别差异:实证研究

两种性别的伴侣偏好在多大程度上有所不同?男性和女性在性观念和行为上存在很大差异。例如,男性对性伴侣的要求较低,并希望一生中比女性有更多的性伴侣。关于年龄偏好,男性通常希望年轻的伴侣,而女性则更喜欢年长的伴侣。在 Buss(1989)的一项跨文化研究中,男性平均希望一个年轻2.7岁的伴侣,而女性平均想要一个大3.4岁的伴侣。在选择伴侣时,男性比女性更注意伴侣的身体吸引力,而女性则更注意伴侣的社会经济地位。但是,男性和女性在伴侣的偏好上也有很大的相似之处。他们都非常重视伴侣的性格。实际上,对于男性和女性来说,伴侣的性格特征比身体吸引力和社会经济地位重要得多(Buss & Barnes, 1986)。

9.3.2 人际关系吸引理论

这里主要使用两种理论来解释人际关系中的人际关系吸引力:社会交换理论和公平理论。

社会交换理论

根据社会交换理论,对关系的评估主要取决于三个标准:

- 感知关系的收益和成本。
- 比较级：对关系可能获得的奖励和惩罚等级的期望。
- 替代方案的比较级：对替代关系中获得的报酬和惩罚等级的期望。

高收益和低成本与关系满意度齐头并进，而低收益和高成本则导致不满意。如果伴侣比自己的标准"更好"你会觉得更适合自己，则对关系感到满意。如果你认为自己值得某个更具有吸引力的伴侣，那你会感到不满意。但是，即使有高收益、低成本且伴侣超出了你自己的比较级，如果你有机会与他人建立更好的关系，你也会对这种关系感到不满意。

然而，在长期关系中，不仅收益、成本、比较级和替代方案的比较级很重要，个人在关系中的"投资"程度以及对伴侣的义务感也很重要（Rusbult，1983）。如果你对伴侣有所投入，那么你会更加积极地看待他/她，而对替代伴侣更加消极。Rusbult 的投资模型如图 9.3 所示。

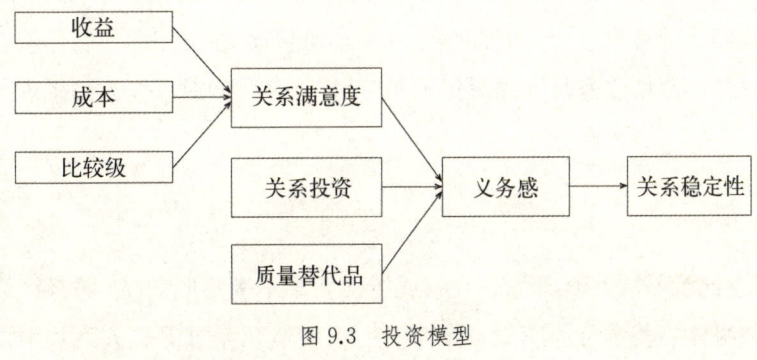

图 9.3 投资模型

资料来源：根据 Rusbult，1983。

根据 Rusbult 的模型，关系的稳定性直接取决于双方感到的义务感。这种感觉又取决于对关系的满意程度，伴侣的感觉，双方在关系中投入了多少以及这种关系的可能替代方案的质量。因此，对关系的满意程度取决于收益、成本和替代方案的比较级。

公平理论

公平理论强调人际关系中的平衡。因此，如果你自己拥有高收益和低成本而伴侣是低收益和/或高成本，那么你并不是最满意的。人们在这样的关系中最幸福，即一个人所经历的收益和成本以及他们对关系的贡献大致等于其伴侣的收益、成本和贡献。处境不利的人尤其对不平等现象感到消极（Sprecher，2001），但是实证研究表明，受益人也感到内疚，如果他/她从关系中获得的收益比给予的多（Walster，Walster & Berscheid，1978）。

9.3.3 恋爱关系

有许多理论试图抓住爱的概念。最著名的理论之一是 Sternberg(1986)提出的三角理论。Sternberg 认为经历爱情是三个要素的结合：
- 亲密
- 激情
- 承诺

根据是否满足各个组成部分,可能会产生 8 种爱。Sternberg 认为,没有亲密和激情的约束爱将是一种空洞的爱;没有承诺的亲密和激情将是一种浪漫的爱;只有这三个组成部分的相互作用才能产生完全的爱。

这三个因素实际在多大程度上构成了爱的现象是有争议的：其他理论家强调了其他因素。最大的共同点似乎是同志之爱和激情之爱的区别。同志之爱是当我们非常喜欢一个人时却感受到的亲切感觉,在他们面前我们没有任何兴奋和激情。激情之爱是强烈渴望的感觉,伴随着我们对一个人的生理兴奋。

总结

除了少数例外,人们努力争取归属感。如果不满足归属感,那么结果就是产生类似身体痛苦的负面感觉。亲密、熟悉、相似和互惠促进人际吸引力。身体吸引力也与人际吸引力相关。据说相貌好的人比相貌不好的人具有更多积极的品质。实际上,你很难说出相貌好与相貌差的人之间的区别。进化论和社会文化理论预测了事实上可以观察到的伴侣关系偏好中的性别差异。根据社会交换理论,人们建立了他们期望会带来巨大好处和低成本的关系。另一方面,根据公平理论,人们努力在人际关系中寻求公平的平衡。不同的爱的理论强调构成爱的感觉的不同维度。大多数理论的共同点是,它们区分了同志之爱和激情之爱。

推荐阅读

Baumeister, R. F. & Leary, M. R. (1995). The need to belong: Desire for interpersonal attachments as a fundamental human motivation.

Psychological Bulletin, 117, 497-529.

Berscheid, E. & Regan, P. (2005). *The psychology of interpersonal relationships*. New York: Prentice-Hall.

Berscheid, E. & Reis, H. T. (1998). Attraction and close relationships. In D. T. Gilbert, S. T. Fiske & G. Lindzey (Hrsg.), *The handbook of social psychology* (4. Aufl., S. 193-281). New York: McGraw-Hill.

Buss, D. M. (2003). *The evolution of desire: Strategies of human mating*. New York: Basic Books.

Buss, D. M. (2008). *Evolutionary psychology: The new science of the mind* (3. Aufl.). Boston, MA: Allyn & Bacon.

Hassebrauck, M. (2010). *Alles über die Liebe*. München: mvg.

Henss, R. (1992). „*Spieglein, Spieglein an der Wand …*" Geschlecht, Alter und physische Attraktivität. München: Psychologie Verlags Union.

自我评估问题

1. 你如何解释空间接近性会增加人际吸引力?
2. 对于那些声称无法衡量身体吸引力的人,你会怎么解释?
3. 有吸引力的人相比没有吸引力的人在多大程度上体现了吸引力刻板印象?
4. 进化论和社会文化理论如何解释伴侣关系偏好中的性别差异?
5. 根据社会交换理论,哪些因素在解释人际吸引力方面起着作用?
6. 根据投资模型,长期关系与短期关系有何不同?
7. Sternberg 的爱情理论的三个维度是什么?

第10章

帮助行为

> **内容**
>
> 帮助行为是亲社会行为的一个子类别,代表有助于他人福祉的行为。人们出于自私和利他的动机而提供帮助。情境因素比个人因素更能预测有用行为。如果直接对潜在的帮助者请求帮助,可以增加其作出帮助行为的可能。

人类的痛苦唤起了同理心和支持。2010年1月,海地发生严重地震,造成23万多人死亡,至少120万人无家可归,造成的经济损失估计约为54亿欧元。然后,国际社会在捐助者会议上提供数十亿美元的帮助。不仅是整个国家,而且个人都捐赠了数百万美元。这不是孤立的情况。据估计,2004年12月,德国联邦政府为亚洲的海啸受害者捐赠了6.7亿欧元,而无论此类自然灾害如何,德国联邦政府每年向非营利组织捐赠的金额超过20亿欧元。有时,你甚至可以观察英勇的帮助行为。例如奥斯卡·辛德勒,他在第二次世界大战期间挽救了约1 200名犹太人劳工的性命。另一方面,尽管有许多潜在的帮助者,但在某些情况下,受害者得不到任何帮助。

在下文中,我们将讨论为什么人们会帮助他人,何时帮助、何时不帮助,谁帮助、谁被帮助。但是,在此之前,我们先介绍一些定义。

> **定义**
>
> 任何改善有需要的人的处境的行为都被视为亲社会行为。亲社会行为包括各种行为,例如帮助行为、环境意识行为和合作行为。因此,帮助行为是亲社会行为的一个子类别,即一个人从事的行为有益于另一个人的幸福。

10.1 我们为什么提供帮助?

就像几乎每种行为一样,人们为什么要帮助他人也有多种原因。我们将首先讨论对帮助行为的进化解释。然后,我们将讨论帮助行为在成本和收益上的平衡。最后,我们考虑人们出于自私和/或利他动机的帮助行为。

10.1.1 帮助行为的进化解释

进化理论强调,行为一般是由我们的进化史决定的。因此,我们会选择确保自己生存和繁殖的行为。另外,通过自然选择可以促进行为,这对有遗传关系的人有帮助。通过亲戚的繁衍,你的某些遗传物质得以传承。因此,当你帮助亲戚时,你也是在一定程度上帮助自己。与进化方法相一致,兄弟姐妹平均拥有大约 50% 的相同基因,而生物学上更远的亲戚,例如堂兄弟姐妹,平均拥有大约 12.5% 的相同基因。另外,在生物学重要情况下,这种作用特别强烈。因此,在生死攸关的情况下,亲缘远近程度比日常提供帮助程度起更大的作用(Burnstein, Crandall & Kitayama, 1994)。

但是,为什么你还要帮助与你没有血缘关系的人呢?为什么经常会出现帮助一个完全陌生的人的情况?进化心理学家指出,这是因为你期望将来会获得帮助。这个所谓的**互惠标准**规定,如果你收到了某些东西,你就有义务返还一些东西。

> **备注**
>
> 遵循进化论方法,显示出帮助作用可促进自身基因组的持续存在。

10.1.2 社会交换

像进化论一样,社会交换理论也假设帮助行为是出于个人利益而进行的(Thibaut & Kelley, 1959)。从理性经济的角度来看,人们努力使自己的利益最大化,并使自己的成本最小化。因此,当收益大于成本时,就会发生帮助行为。与进化方法不同,这里没有遗传原因的推测。人们会权衡帮助行为的潜在好处(例如,社会认可和积极的自我形象)与成本(例如,人身危险以及付出的时间和金钱)之间的关系。必须将帮助行为的收益和成本与失败的收益和成本进行比较。如果你对需要帮助的人表示同情,则无法提供帮助可能会导致他人的反对并引发压力感。

> **备注**
>
> 据社会交换理论,当帮助的收益和不帮助的成本大于帮助的成本和不帮助的收益时,人们就会提供帮助。

10.1.3 同理心-利他主义假设

进化论方法和社会交换理论都假定,帮助行为是出于自私的动机而提供的,目的是使自己能从行为中收益。一些社会心理学家对人类行为有更正面的印象,认为帮助者会出于更好的动机而提供帮助。这种方法最著名的代表是 Daniel Batson(1991)。他确实承认人们经常出于自私的动机而提供帮助。但是,他假设人们经常愿意出于**利他**动机而提供帮助。实际上,如果人们对需要帮助的人产生**同理心**,他们就会表现出帮助行为,而不会关注自己的优势。同理心包括认知和情感两个方面。认知成分代表了站在有需要的人的立场的能力。情感成分是同情和怜悯之类的感觉。因此,如果你对有需要的人产生同理心,则可以把使接受帮助的人变得更好作为帮助目标。另一方面,如果你没有同理心,则只有当自己能从帮助行为中获得好处时才会提供帮助。Batson 的模型如图 10.1 所示。

Batson 及其同事开发了一种创新的研究范式,可用于检验同理心-利他主义假设。另一个人的困境通常会引发潜在的帮助者不舒服的情绪状态。如果你几乎无法掩盖对方的紧急情况(根据 Batson 的说法:难以逃脱),那么无论

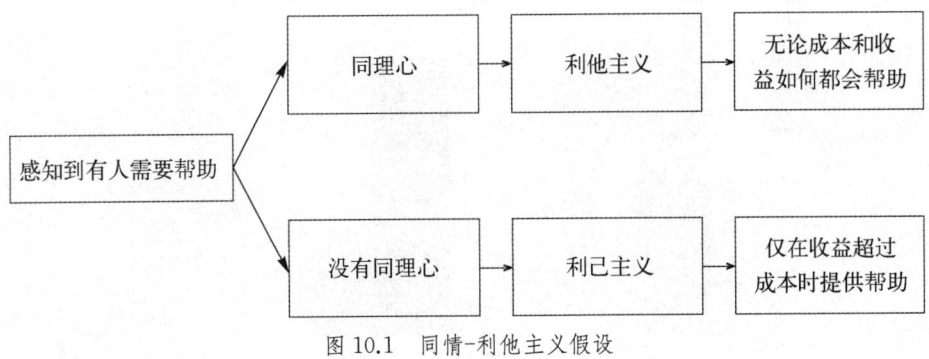

图 10.1 同情-利他主义假设

资料来源：Batson，1991。

你是否有同理心，都将为其提供帮助。另一方面，如果你可以隐藏其他人的紧急情况（根据 Batson 的说法：可以逃脱），则在你感到同情时会给予帮助，但如果你没有同理心就不会帮助。

这些观点已由 Batson 及其同事验证。例如，在 Toi 和 Batson(1982) 的一项研究中，被试从同学（卡罗尔）那里了解了某种紧急情况。通过想象卡罗尔的感受（"高同理心"）来诱发同理心。在"低同情"的情况下，要求被试保持客观，不要被卡罗尔的工作方式所影响。隐藏卡罗尔的困境有多容易或有多困难也是变量。在"难以逃脱"的条件下，被试被告知他们在本学期频繁见到卡罗尔。另一方面，"容易逃脱"的条件表示他们在接下来的时期将不在见到她。

如预期的那样，处于"低同理心"状态的被试在难以逃脱条件下比容易逃脱条件更可能提供帮助。被试在"高同理心"状态下提供帮助的意愿并不取决于逃脱的可能性。在这两种情况下，给予的帮助都与低同理心/难以逃脱选项一样多。（参见图 10.2）

同理心帮助实际上似乎是出于对他人福祉的无私关怀。另一方面，并非出于同理心的帮助是出于个人利益：当看到需要帮助的人时，你可以帮助他以避免自己痛苦。

> **备注**
>
> 同理心-利他主义假设：如果我们感到同情，我们就会帮助利他（不管我们个人利益如何）。

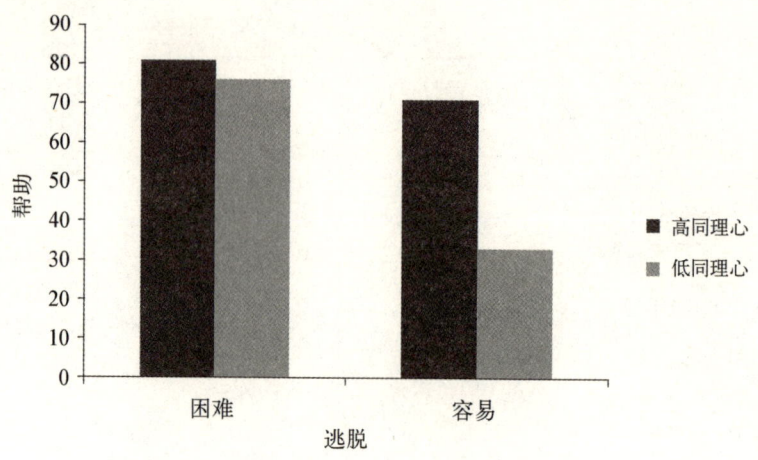

图 10.2 随同理心和逃脱的可能性变化的帮助

资料来源：Toi & Batson，1982。

10.2 我们什么时候提供帮助？

如前所述，人们出于不同原因提供帮助。在下文中，我们讨论了不同情境如何影响帮助行为。

10.2.1 观众（旁观者）人数

直到 1960 年代，帮助行为还很少成为社会心理学研究的主题。一名妇女（Kitty Genovese）在纽约市中心遭到袭击并遭杀害。攻击持续了 45 分钟，包括 3 次单独的攻击。由于受害者的尖叫声和相邻公寓点亮的灯光，凶手撤离了 2 次。公众感到震惊，尽管许多人目睹了这次袭击，但为何没人干预。Bibb Latané 和 John Darley 推测没有任何人提供帮助，正是因为许多人听说过紧急情况。他们假设了旁观者效应，据此随着越来越多的观众观看紧急情况，这些人介入的可能性降低。

> 定义
>
> 旁观者效应：观看紧急情况的观众人数越多，单个观众进行干预的可能性就越小。

已有大量研究证实旁观者效应。他人的存在降低个人在发生轮胎漏气，向非营利组织捐款或在电梯中捡起掉落的钢笔时提供帮助的意愿。

根据 Latané 和 Darley(1970)的观点，观察者成功帮助他人需完成五个步骤。观察者必须

1. 感知情况
2. 将情况视为紧急情况
3. 承担责任
4. 决定如何帮助
5. 最后执行帮助行为

第一步，必须确保观察者完全了解紧急情况。例如，在大城市，他人的需求很少被注意到。实际上，帮助的意愿随着人口密度的增加而降低(Levine, Martinez, Brase & Sorenson, 1994)。

在第二步中，必须将这种情况解释为紧急情况。**多数无知**尤其会在模棱两可的情况下出现。

> 📦 **举例**
> 你乘坐火车，发现有人昏迷，他发出呻吟声。其他人反应惊慌，但起初犹豫不决。最后，可以想到的是他睡眠不安，不想被唤醒。他们环顾四周，发现其他人也注意到了昏迷的人。但是，这些人都没有表现出任何行动的迹象。因此，他们得出结论，认为没有紧急情况，因为不然的话有人会接近昏迷的人。这忽略了以下事实：其他观察者也彼此面对(你以外的其他人)，并且不确定是否确实存在紧急情况。结果是，人们常常认为不是紧急情况，并且不提供帮助。

第三步，必须承担责任。如果许多人见证了紧急情况，则可能导致**责任分散**。每个观察者都认为会有其他人出手帮助。

如果决定提供帮助，则第四步是确定如何提供帮助。缺乏诸如何提供急救之类的知识，是到此阻碍帮助行为的障碍。

最后，在第五步中，必须执行帮助行为。由于担心自己的干预可能被否定评估，他人的存在会降低提供帮助的意愿(所谓的**评价恐惧**)。

> 📄 **备注**
> 出现旁观者效应的原因主要有三个：由于多数无知，责任分散和评价恐惧(Latané & Nida, 1981)。

10.2.2 媒体的影响

今天媒体无处不在。据估计，我们大约有一半的醒着的时间都在关注媒体。因此，有必要提出媒体消费对帮助行为的影响的问题。社会心理学研究表明，媒体确实可以以积极和消极的方式影响帮助行为。具有亲社会内容的媒体（例如，旨在支持其他游戏角色的亲社会计算机游戏）会促进帮助行为（Greitemeyer，2011）。相比之下，对具有攻击性内容的媒体（例如暴力视频游戏）的消费减少了有益行为的可能性（Bushman & Huesmann，2006）。因此，媒体对帮助行为的负面影响还是正面影响取决于其内容。

10.2.3 居民流动性

如上所述，帮助行为受你的居住地的影响：大城市居民提供的帮助少于小城市居民。你多久变更一次住所也起一定作用。Oishi 及其同事们（2007）发现，稳定的社区（居民很少迁徙）与亲社会行为的意愿增强有关。实际上，除了车牌外，稳定居民区的居民更愿意购买证章，证章的收益将用于国土安全。

10.3 谁提供帮助？

在某些情况下，人们比在其他情况下作出更多的帮助行为。同样，有些人比其他人更多提供帮助。他们与不助人的人有何不同？

10.3.1 是否有利他性格？

如前所述，同理心是 Batson 同理心-利他主义假设的核心概念。到目前为止，我们仅将同理心视为一种在某种情况下对需要帮助的人感到同情的**状态**（临时情绪状态）。但是，同情也可以被理解为一种人格特质（相对稳定），即某些人对他人比其他人表现出更多的同情。但是，人格特质"同理心"与实际帮助行为之间的关系较弱。尚不清楚的是，曾经帮助过一个需要帮助的人的人是否也会帮助处于不同状况的另一个人。

> **备注**
>
> 当预测帮助行为时，情境的影响比稳定的人格特质更为重要。人格特质预测在特定情况下的帮助行为，但是这种预测很难转移和推广到其他情况。

10.3.2 性别差异

女性还是男性更多提供帮助？这取决于情况。在需要"侠义、英勇"行为的情况下，男性比女性提供更多帮助。通过这种方式，获得承认英雄行为的勋章的男性多于女性。另一方面，当有朋友需要时，女性比男性提供更多的社会支持，她们更愿意做费时的志愿服务（Eagly，2009）。

10.3.3 宗教

如果你向人们询问他们的宗教取向和帮助意愿，通常会有积极的联系。但是，如果记录了宗教取向与实际帮助行为之间的关系，则相关性会大大降低。信徒们认为自己非常乐于帮助，但实际上他们提供帮助的意愿与小众宗教人士几乎没有什么差别（Batson，Schoenrade & Ventis，1993）。

10.3.4 情绪影响

如果你寻求帮助时，潜在的帮助者心情很好，那会非常有利于他帮助你。大量的经验研究表明，**积极情绪**会增加帮助行为。Carlson，Charlin 和 Miller（1988）进行的元分析显示，平均效应大小为 $r=.54$。

为什么积极的情绪会导致更多的帮助行为？一方面，开朗的人专注于自己，并特别会意识到自己的价值观。由于我们大多数人将帮助视为重要价值，因此积极的情绪会导致更多的帮助行为。其次，心情愉快时，你会倾向于以积极的眼光看待局势。因此，有需要的人更应该得到帮助。毕竟，大多数人都知道提供帮助意味着他们的积极情绪会持续更长的时间。

有趣的是，**消极情绪**也会增加亲社会行为（相对于中性情绪）。与积极情绪的影响相比，这种影响要小一些 Carlson 和 Miller（1987）的元分析显示，平均影响大小为 $r=.23$。在消极情绪下，人们主要出于改善自己情绪的需要而提供帮助。

> **备注**
>
> 积极和消极（相对于中性）情绪对帮助行为有正面影响。积极情绪的负面影响甚至大于消极情绪的负面影响。

10.4 谁得到了帮助?

到目前为止,我们已经研究了人们何时何地提供帮助,以及哪些人比其他人更愿意提供帮助。在下文中,我们与寻求帮助的人打交道。

10.4.1 助人者与寻求帮助者之间的相似性

正如在第9章"人际吸引力和恋爱关系"中所讨论的,创造人际关系吸引力的是相似性而不是差异性。因此,一个人更有可能向在特征上与他相似的人而非有需要的不相似的人提供帮助。例如,你帮助自我群体的某人,而不是外群体的某人(Dovidio, Gaertner, Validzic, Matoka, Johnson & Frazier, 1997)。

10.4.2 身体吸引力

正如在第9章中所讨论的,一般而言,对有身体吸引力的人的评价要比吸引力较小的人的评价更高。结果,环境对有吸引力和缺乏吸引力的人的反应不同,这在帮助行为的背景下也得到了证明。在 Benson 及其同事们(Benson, Karabenick & Lerner, 1976)进行的一项实地研究中,被试在访问电话亭时发现了一份有完整地址且加盖戳的大学申请。申请书中包含申请者(女性或男性)的照片。该申请者有或没有身体吸引力(通过预测试确认)。Benson 及其同事们检查了该应用程序是否由被试发送。申请者的性别对帮助的意愿没有影响:男女申请者的申请被发送大约相同的次数。被试的性别也无关紧要。申请者吸引力的影响只有一种:有吸引力的申请者的申请比没有吸引力的申请者的发送频率更高。进一步的研究表明,有吸引力的人不仅比没有吸引力的人得到更多帮助,而且得到的帮助也更有效。另一方面,要得到帮助,人们会向缺乏吸引力的人求助(Nadler, Shapira & Ben-Itzhak, 1982)。

10.4.3 归因

 举例

这是夏季学期,阳光明媚。在每次听演讲之前,你都考虑过是否不听而去室外游泳池。但是,作为一名尽职的学生,你最终决定参加讲座。考试前

一周,一个你整个学期都没见过的同学来找你,问你是否愿意借给她笔记。由于缺乏阳光,你依然白皙,但你的同学已经晒黑了,很显然好好休息了阵子。你可以借给她你的笔记吗?你可能会回答,不巧的是不在你身边,即使这些笔记就在你口袋里。如果同学因为严重事故拄着拐杖而没有参加讲座,你的反应可能会有所不同。

在上面的示例中,大多数观察者将得出结论,晒黑的同学应对自己的紧急情况负责,而同学无法承担拄拐杖的责任。Weiner 等(1995)强调了那些需要帮助的人的**感知责任感**,无论是否给予帮助。根据 Weiner 的说法,有需要的人的低责任感会引起观察者的同情,这会对帮助行为产生影响。另一方面,高责任感会导致愤怒,从而降低帮助行为的可能性。Weiner 的模型如图 10.3 所示。

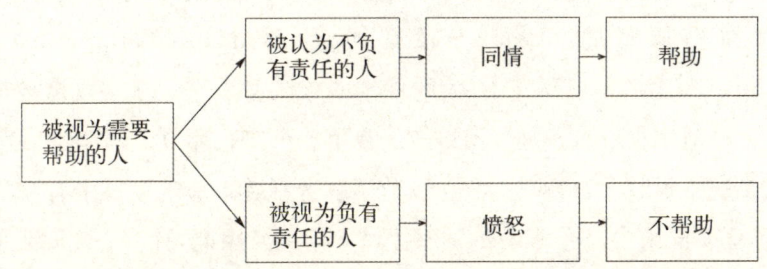

图 10.3 责任感对帮助行为的影响,通过情感介入导致同情和愤怒
资料来源:Weiner,1995。

10.5 如何增加帮助的意愿

 **举例**

想象一下突然感到不适,以及剧烈的头晕。有人倒在地上,急需帮助。你周围有人,但没有人愿意提供帮助。你只需激活自己的社会心理知识,并记住,随着紧急情况观察员人数的增加,帮助的意愿降低,而多数无知和责任分散将起决定性影响。因此,与在场的一位人士交谈,并特别告诉他你想让他做什么。

实际上,当直接向某人求助时,旁观者效应几乎消失了。结果,多数无知和责任扩散在很小的程度上出现了。Markey(2000)研究了聊天室中旁观者效应的发生。他问,是否有人可以告知他如何查看其他参与者的个人资料。该请求是个性化的(给出了另一位参与者的姓名),或者不是个性化的(没有提及参与者的名字)。典型的旁观者效应是,聊天室中的人越多,对请求的响应就越慢。但是,当直接向某人讲话时,该问题会很快得到答复,而答复所需的时间并不取决于参与者的人数。

> **备注**
>
> 瞄准潜在的帮助者可以减少旁观者效应的发生。

阅读完本章后,你不仅可以有效地寻求帮助(直接与某人交谈),还可以在其他人在场的紧急情况下提供帮助。至少有研究表明,有关旁观者效应的知识增加了帮助的意愿。Beaman 及其同事(Beaman, Barnes, Klentz & McQuirk, 1978)的一项研究中,大约一半的被试参加了关于旁观者效应的讲座。另一半对照组没有参加任何讲座。在第二个实验环节中,被试在实验助手在场的情况下目睹了自行车事故。以前了解旁观者效应的被试中有 67% 提供了帮助,而对照组中只有 27% 的被试提供了帮助。因此,社会心理知识的传授会产生重要的实际效果,通过增加日常生活中的帮助。

> **备注**
>
> 对旁观者效应的了解增加了人们提供帮助的意愿。

总结

帮助行为是亲社会行为的一种形式,包括任何有益于他人福祉的行为。进化论方法和社会交换理论强调,人们会出于自私的动机提供帮助。同理心-利他主义假设指出,当人们对需要帮助的人产生同情时,他们也会出于利他动机提供帮助。多个人在场观看紧急情况,降低了每一个人干预的可能性。这种所谓的旁观者效应的原因是多数无知、责任分散和评价恐惧。潜在帮助者的人格特质几乎无法预测是否会在不同情况下提供帮助。积极和消极(与中性相对)

情绪对帮助行为有有益的影响。被认为对自己的困境负责的受害者比那些被认为不负责任的受害者获得的帮助要少。如果直接向潜在的帮助者寻求帮助，可以增加得到帮助的可能性。这减少了多数无知和责任分散。

推荐阅读

Batson, C. D. (1991). *The altruism question: Toward a social-psychological answer*. Hillsdale, NJ: Erlbaum.

Bierhoff, H. W. (2010). *Psychologie prosozialen Verhaltens. Warum wir anderen helfen* (2., vollst. überarb. Aufl.). Stuttgart: Kohlhammer.

Clark, D. (2003). *Pro- and anti-social behaviour*. Hove: Routledge Modular Psychology.

Dovidio, J. F., Piliavin, J. A., Schroeder, D. A. & Penner, L. A. (2006). *The social psychology of prosocial behavior*. Mahwah, NJ: Lawrence Erlbaum Associates.

Penner, L. A., Dovidio, J. F., Piliavin, J. A. & Schroeder, D. A. (2005). Prosocial behavior: Multilevel perspectives. *Annual Review of Psychology*, 56, 365–392.

Stürmer, S. & Snyder, M. (Hrsg.) (2009). *The psychology of prosocial behavior: Group processes, intergroup relations, and helping*. Oxford: Wiley-Blackwell.

自我评估问题

1. 讨论帮助行为的含义。
2. 如何确定一个人帮助他人出于利他动机还是利己动机？
3. 旁观者效应的主要原因是什么？
4. 积极和消极情绪如何以及为什么影响帮助行为？
5. 你如何从人格特质上解释一个人是否会提供帮助？
6. 如何在日常生活中增加帮助行为？

第11章

攻 击 行 为

📋 **内容**

攻击行为试图伤害他人。挫败感和一般厌恶刺激会增加产生攻击行为的可能性。不同的情境和性格因素不但会相互影响,还会与攻击行为相互作用,从而导致暴力升级。

帮助行为有助于社交互动,但攻击行为会降低人际关系的质量。不幸的是,攻击行为是一种普遍现象,可以以许多不同方式发生。这里有两个例子:1. 温嫩登镇的杀戮狂欢:蒂姆·K. 杀害了15个人;2. 阿姆施泰滕市的虐待案:约瑟夫·F. 将他的女儿关在地下室多年,并多次强奸她。在这两种情况下,一个人施加伤害,而另一个人想要避免受伤害。这是定义攻击行为的标准。另一个标准强调行为的意图。

📦 **举例**

因此,例如,如果托马斯不小心将罗兰推倒在地,即使罗兰断了胳膊,也不会称托马斯实施了攻击行为。另一方面,仅凭意图就足以说明攻击行为。如果托马斯试图击败罗兰但没有打他,就可称这是攻击行为。

📄 定义

攻击行为是为了伤害他人而进行的行为,受攻击的人反过来努力避免造成伤害。

因此,对受虐癖人士的虐待行为不被视为攻击行为。**暴力**是攻击行为的一种极端形式,会对他人造成巨大的身体伤害。攻击行为可以进一步分为:

📄 定义

敌对性攻击:仅用于对另一个人造成伤害。
工具性攻击:实现特定目标的一种手段。

在下文中,我们首先考虑攻击行为的情境决定因素,并讨论人们为什么以及在什么情况下有攻击行为。然后,我们讨论攻击行为的个人决定因素,并考虑哪些人群比其他人群更具攻击性。再后,我们在对攻击行为的解释中讨论情境与人之间的相互作用,并在本章的结尾处介绍减少攻击行为可能性的干预选项。

11.1 攻击行为的情境决定因素

11.1.1 人们为什么会表现出攻击性?

挫折-攻击假设

长期以来,**挫折-攻击假设**是攻击行为最重要的社会心理学理论。它由Dollard和其同事们(Dollard, Doob, Miller, Mowrer & Sears, 1939)在1930年代末建立。在其原始形式中,进行了两个基本假设:

1. 挫折总是导致攻击
2. 攻击永远是挫折的结果

挫折被理解为,阻止你实现一个特定目标的方式。

 举例

根据这个假设,如果一个人饿着肚子去面包房,但是所有三明治都已经卖光了,那总是会导致攻击行为——女营业员受到了辱骂。

因此，挫折-攻击假设适用于确定性预测（原因总是有一定的后果），提高了预测的普遍性及脆弱性。当今的（社会）心理学理论在制定时更加谨慎，不做确定性而是概率性的预测（变量会增加出现第二个变量的概率）。挫败感可能导致攻击，但也可能导致其他行为。此外，攻击有时是（但不总是）沮丧的结果。

认知新联想视角

实际上，在Berkowitz(1990)挫折-攻击假设的影响力修正中，负面情绪状态会增加发生攻击行为的可能性。由于挫折是伴随负面情绪状态的不舒服经历，因此Berkowitz认为挫折会导致攻击性。然而，在他看来，攻击行为不仅是由挫折引起的，而且更普遍的是由通过负面情绪状态导致攻击性（或逃避行为）的厌恶事件引起的。根据Berkowitz的说法，与负面情绪状态或攻击相关的任何事物都可能引发攻击。

备注

与攻击或负面情绪状态相关的刺激，增加发生攻击行为的可能性。

社会学习理论

根据社会学习理论，攻击行为是通过两种方式学习的，通过操作性条件作用和榜样学习。

操作性条件作用意味着未来的行为取决于过去行为的后果。导致正面结果的行为在将来会更频繁地出现，而导致负面结果的行为在将来会更不频繁地出现。

举例

如果你在结账时插进去，而其他顾客只是看着你插队（你节省了时间），那么将来你将更多插队。另一方面，如果其他人无情地表示反对这种行为，那么将来你更可能把插队的想法放一放。

榜样学习意味着，如果你期望所示行为的积极结果，你可以模仿他人的行为。在班杜拉及其同事们（Bandura, Ross & Ross, 1961）的经典研究中，孩子们看到了一部电影，其中一个小男孩（洛奇）因表现出攻击行为而受到奖励或惩罚。然后观察孩子玩各种玩具时的表现。看过奖励洛奇电影的孩子比其他孩子更具攻击性。

> **备注**
>
> 如果一个人预期自己的行为会带来积极结果,那么攻击行为就更容易发生。

11.1.2 人们什么时候表现出攻击性?

社会心理学研究已经记录了许多可能导致攻击行为的情境刺激。下面以高温、黑色和介质消耗的影响为例。

热假设

如上所诉,Berkowitz 认为,导致负面情绪状态的厌恶刺激会触发攻击行为。在这个想法的基础上,所谓的热假设假设高温与负面影响有关,反过来又增加了发生攻击行为的可能性(Anderson,2001)。实际上,夏天的暴力行为比其他任何季节都要多。同时,美国南部炎热地区的犯罪率高于北部寒冷地区。

> **题外话**
>
> 全球气候变化的一个讨论较少的后果是普遍倾向于暴力的危险。据估计,美国平均温度升高 2 摄氏度,每年将额外导致大约 50 000 名暴力犯罪受害者死亡(Anderson, Anderson, Dorr, DeNeve & Flanagan, 2000)。

黑色

Berkowitz 认为,不仅不舒服的情绪状态会引发攻击行为,与消极思想相关联的对象通常就足够引发攻击。黑色就是这种特征之一。在几乎所有文化中,褐色和黑色都与死亡和邪恶联系在一起。Frank 和 Gilovich(1988)研究了由于这些负面含义,黑色是否增加了职业体育赛事中发生攻击行为的可能性。事实证明,与其他球衣颜色的球队对比,黑色球衣的足球和冰球球队受到的惩罚更多。实验研究还表明,穿着黑色球衣对攻击行为具有因果关系。

媒体消费

迄今为止的研究活动最多触发的变量,是媒体消费对攻击行为的影响。如今,我们面临着各种各样的媒体消费。德国人平均每天看 3.5 小时电视。年轻人花更多的时间玩电脑游戏。估计有99%的美国男孩和94%的女孩在玩计算机游戏(Lenhart, Kahne, Middaugh, Macgill, Evans & Vitak, 2008)。德国九年级男生平均玩电子游戏约2.5小时,九年级女生每天玩1小时。由于电视节目和计算机游戏经常带有暴力内容,因此许多父母担心他们的孩子的媒体消费会对社会行为产生负面影响。

实证研究表明,使用暴力内容的媒体会增加攻击行为的趋势。在一项纵向研究中,Huesmann及其同事们(Huesmann, Moise-Titus, Podolski & Eron, 2003)记录了攻击性人格特质以及8岁以下儿童对媒体暴力的消费。22年后(即30岁),再次向同一个人询问他们的攻击性人格特质和对媒体暴力的消费。事实证明,通过媒体上遭受大量暴力侵害的儿童在成年后越来越具有攻击性。即使在统计学上控制了童年时期积极进取型人格的影响,也会发生这种影响。因此,不能将在传播媒介上的暴力消费与攻击性之间的联系追溯到这样一个事实,即天生更具攻击性的人会在媒体上消费大量暴力;媒体暴力对不具有攻击性的人也会产生负面影响。研究还表明,媒体暴力的消费实际上对增加积极进取的意愿具有因果关系(Anderson & Dill, 2000)。最后,元分析支持了这些发现。Bushman和Huesmann(2006)总结了431项研究,涉及近70 000名被试,其中研究了媒体暴力的消费与各种攻击性变量之间的关系(参见表11.1)。

表11.1 媒体暴力的消费与攻击性变量之间的关系

	平均相关	研究数量	受试者人数
攻击行为	.19	262	48 430
攻击性思想	.18	140	22 967
攻击性情绪	.27	50	4 838

资料来源:Bushman & Huesmann, 2006。

这些相关系数的效应量为小到中等。但是,相关系数本身是显著的,说明媒体暴力的消费与攻击行为的发生有关。

11.2 攻击行为的个人决定因素:哪些人比其他人更具攻击性?

到目前为止,我们已经讨论了影响攻击性的情境变量。那么,在什么情况下一个人可能会表现出攻击性?但是人与人之间也存在很大差异:有些天生就比其他人更具攻击性。影响一个人是否或多或少具有攻击性的特殊特征代表了攻击行为的个人决定因素。

11.2.1 性别

我们从本章的两个攻击行为案例开始,所有这些案例都已成名。在这两种情况下,罪犯都是男人。这种选择肯定可以归因于作者的特定看法(特别记得那些攻击行为)。但是,在绝大多数暴力犯罪中,男人是罪魁祸首。让我们考虑一下疯狂杀戮的话题。除了温嫩登案,德国的埃尔福特案最能引起共鸣。罪犯也是一个年轻人。最著名的案例是利特敦的校园大屠杀,其中2名男学生杀害了总共12名同学和1名老师。Leary及其同事们(Leary, Kowalski, Smith & Philips, 2003)对1995年至2001年在美国发生的所有学校大屠杀的情况进行了系统的研究。在分析的15个案例中,肇事者只有1名女孩。此外,在这个案例中,伤者受到的损失最小。

与攻击性有关的性别效应已在许多其他实证研究中得到记录。对北美64个实验结果的总结表明,男性通常比女性更具攻击性(Bettencourt & Miller, 1996)。但是,这种影响的程度取决于攻击性是否作为**挑衅**的结果。如果没有挑衅,男性比女性更具攻击性。但是,当发现由于挑衅而发动攻击性时,其影响要小一半。

 **备注**

男性比女性更具攻击性,尤其是在没有明显的挑衅的情况下。

所发现的这种模式表明,相比女性,男性认为他人的歧义行为更容易具挑衅性,然后(在他们看来正确的)对攻击行为做出反应。这种趋势称为敌对归因风格,下面将对其进行详细说明。

11.2.2 敌对性归因

举例

假设你来图书馆,在那里,你为即将到来的社会心理学考试而学习。当离开时,另一个人撞到了你。你们俩都跌倒了。你会想什么?你可以得出结论,眼前的人绝对想走出来,你受到伤害。但是你也可以想象这个人不小心撞到了你并且伤害了自己。在第一种情况下,你可能会恼怒而激进。另一方面,在第二种情况下,你可能不会感到多麻烦,甚至可能会产生同情心并帮助该人起来。

你解释他人行为的方式称为**归因**。如果在他人做出有害行为的情况下往往倾向于视为对方有意图,那么就是敌对性归因。尤其是在客观观察者不清楚某人是否故意行事的情况下,倾向于作敌对性归因的人比那些倾向于其他归因的人更具攻击性(Crick & Dodge, 1994)。

11.2.3 荣誉文化

所谓的"荣誉杀人"主要是指杀死一名女性家庭成员,据犯罪者称,这些家庭成员使家庭蒙羞,例如婚外恋。有关西方文化的相应报道大多受到深刻的误解。荣誉杀人只是攻击行为的最极端形式,在这种行为中,施暴者认为自己的荣誉受到侵犯。由于威胁个人荣誉而造成的无害形式的攻击行为在我们的日常生活中并不罕见。

 **举例**

在 2006 年世界杯决赛中,阿尔及利亚移民之子齐内丁·齐达内撞了马尔科·马特拉齐的头,并得到了红牌。后来得知,齐达内被马特拉齐挑衅,后者称其妹妹为妓女。

荣誉文化一词在西方文化中并非不为人所知。在讨论热假设时,我们注意到美国南部州比北部州的暴力犯罪更多。部分原因是南部地区的气温高于北部地区。另一个原因据 Cohen 及其同事们(Cohen, Nisbett, Bowdle & Schwarz, 1996)观点,南方人是牧羊人的后裔,与北方人相比,他们不得不更多照顾牲畜。为了避免与牧羊人的牲畜被盗扯上关系,名誉告诫北方人最好不要和南方人有瓜葛。尽管这种所谓的"牧群文化"的婚礼可以追溯到很多年前,但今天它的影响仍然很明显。来自南方的男性参与者对侮辱的反应比来自北方的男性参与者更为激烈。但是,如果不质疑男性荣誉(没有侮辱被试),那么来自南方和北方的被试之间就没有行为上的差异。

> **备注**
>
> 当人们看到自己的荣誉受到质疑时,他们常常会表现出攻击性。这种趋势越来越多地来自所谓的荣誉文化。这些人不是天生更具攻击性。如果荣誉没有威胁,他们就不会比不具有荣誉文化的人更具有攻击性,在这里,个人荣誉问题不那么重要。

11.3　人与情境之间的相互作用

在我们分别讨论了情境变量和个人变量对攻击行为的影响之后,现在将描述情境和人在解释攻击行为时的相互作用。这里的观点是人格会影响互动过程,互动反过来影响人格。

> **举例**
>
> 让我们考虑一下弗里茨和弗朗茨的相遇过程。相遇始于弗朗茨踩到弗里茨的脚。弗里茨假设弗朗茨的恶意意图(因为他倾向于敌对归因风格),并向弗朗茨吼叫。另一方面,弗朗茨意外踢到弗里茨脚上,感到反应被夸大了。
>
> 结果,他击中弗里茨,导致弗里茨失去平衡并摔倒。现在完全惊讶的弗里茨站起来,打在弗朗茨脸上。这种做法是暴力恶性循环的典型表现,在这种恶性循环中,最初相对无害的攻击行为继续增加,并最终导致大规模攻击行为。如果弗里茨认为踩脚是无意的,弗朗茨道歉,他们之间的互动会有何不同?

Anderson 及其同事们(Anderson, Buckley & Carnagey, 2008)在实验室检验了这种**暴力恶性循环**的过程。两个小组的 284 位被试参加了实验。最初,攻击行为被记录为属性(使用测试记录特质性攻击)。然后在多个试次中进行虚拟反应时测试。每个试次,允许两个被试之一(所谓的获胜者)对另一个(所谓的失败者;实际上,获胜者和失败者由计算机随机确定)进行惩罚。该实验的结果证实了有关暴力恶性循环将如何发展的所有预测。首先,显而易见的是,两个被试的特质性攻击较高,因此在第一轮中会受到更高的惩罚。后来他们对自己施加的惩罚随着测试推进而增加。后面几轮的惩罚程度很大程度上可以通过第一轮的惩罚程度来预测。特质性攻击相对较高的人更具有攻击性。但更重要的是：一开始，攻击行为的程度仍然很低。但是，随着时间的流逝，情况逐步升级，导致越来越具有攻击性的行为。图 11.1 以图形方式显示了这种恶性暴力循环。

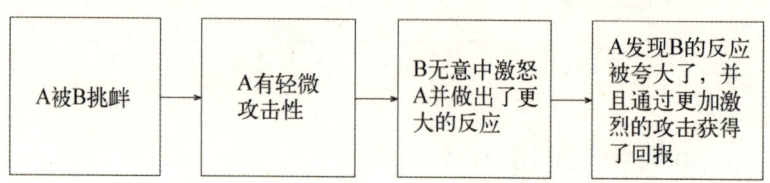

图 11.1　A 和 B 之间的互动发展成暴力的恶性循环

11.4　整合模型

Anderson 和 Bushman(2002)在一个整合模式中总结了各种解释攻击行为的情境和个人因素。这个所谓的**一般攻击模型**假设，导致攻击行为的行为序列始于输入变量：个人和情境。相关的个人变量是特质性攻击或性别。影响攻击行为发生的情境变量可能是高温或玩暴力计算机游戏。根据该模式，个人变量和情境变量在影响人当前内部状态时会相互作用。这意味着假定某些人对某些情境的反应要比其他人多。一个人当前的内部状态对预测攻击行为很重要，它取决于生理唤醒以及认知和情感变量。这些反过来又会影响社会事件的解释和评估方式，最终直接影响一个人的行为举止。

📦 **举例**

马库斯得知他没通过社会心理学考试。审查员使他恼怒，因为他认为审查员提出了不公平的问题，并对他怀有敌意。另外，考试失败生理上激活了他的情绪。当他回到家时，他看到室友的纸条，他忘记清洁洗碗机。根据考试的结果，他已经有很强的攻击性，并且把室友的纸条视为公然的挑衅。愤怒的他走进了室友的房间，对他大吼。

该模式不仅说明了某些个人和情境的短期影响，还说明了长期影响。Anderson 和 Bushman 将模式的每次运行视为学习序列。反复玩暴力计算机游戏,可能导致人们倾向于认为另一个人的行为从根本上讲是有害的(也就是说,倾向性地表现出敌对归因),这反过来又有助于形成攻击性的人格。图 11.2 显示了一般攻击模性。

11.5 如何减少攻击行为?

社会心理学家研究了许多有关如何减少攻击行为的因素。其中的一些被证明非常有前途,而另一些则没有得到任何证据支持。我们从后一个类别的例子开始。

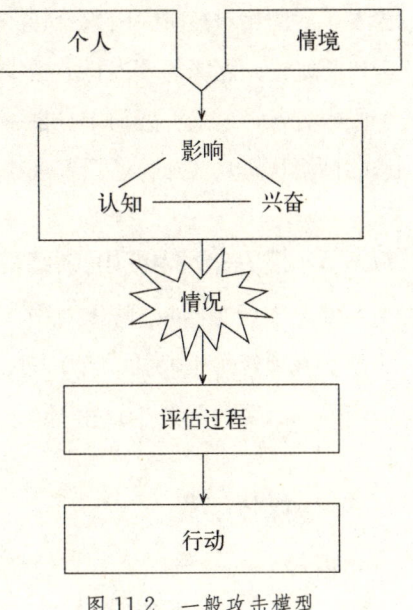

图 11.2 一般攻击模型

资料来源:Anderson & Bushman,2002。

11.5.1 放任自流:宣泄

> 📄 **定义**
>
> 宣泄的概念指出,尽情发泄攻击性会降低随后采取实际攻击行为的可能性。

这个想法源于挫败-攻击假设,至今仍然广受认可。实际上,从直观上看,应该以一种社会认可的方式"放任自流",以减少被压抑的挫败感。根据该理论,对一个先前受挫的人,击打拳击球可以排解从而使攻击倾向降低。实际上,大量研究表明,攻击并没有减少攻击行为,反而实际上增加了攻击行为。用宣泄理论的主要批评者之一 Brad Bushman 的话说,用攻击减少攻击行为"就像用汽油扑灭大火一样"(Bushman,2002)。

11.5.2 惩罚

使用惩罚情况看起来更好一些。惩罚或实施惩罚的威胁在我们的日常生活中经常被用来防止攻击。例如,法院判处监禁或父母从好斗的孩子那里收走糖果。应该满足一些条件,以使惩罚实际上减少攻击行为。因此,惩罚应在攻击行为发生后的相对短时间内进行,并应一贯执行。仅在某些时候受到惩罚的攻击行为比总是受到惩罚的攻击行为减少的程度较少。但是,使用惩罚作为减少攻击的手段也有各种危险。惩罚本身是一种攻击行为(惩罚的目的是使被惩罚者进入厌恶的情绪状态)。因此,惩罚者是攻击行为的榜样,而攻击行为又可以被模仿。

11.5.3 愤怒管理和归因训练

愤怒和敌对性归因都增加了攻击行为的可能性。减少攻击行为的成功方法是更好地管理愤怒并改变归因,这样,你就不会认为伤害你的人是蓄意为之。适当的训练课程是减少攻击行为的有效措施。

11.5.4 媒体消费

如上所示,消费媒体暴力会鼓励攻击行为。但是,并非所有媒体都包含暴力。相反,通常存在积极的互动。因此,你可以在电影《卡萨布兰卡》中看到里克(亨弗莱·鲍嘉饰)如何出于对伊尔萨(英格丽·褒曼饰)的爱慕而支持她及她丈夫逃离纳粹的。在某些计算机游戏中,游戏人物可以拯救燃烧的房屋。而且,有史以来最畅销的单曲《天下一家》(*We Are The World*)呼吁为第三世界的饥饿者捐款。对这种亲社会媒体的影响研究表明,不仅帮助行为有所增加,而且攻击也有所减少(Greitemeyer, 2011)。因此,介质不仅是问题的一部分,还可以用作解决方案的一部分。

总结

攻击行为涉及伤害他人的意图。挫折有时但并非总是导致挫败行为。此外,挫败感不是唯一的,而是攻击行为的许多原因之一。令人反感的刺激和不舒服的情绪状态也会引发攻击。学习经验也会影响攻击行为的发生。男性比女性更具攻击性,尤其是在没有明显挑衅的情况下。倾向于恶意揣测他人伤害行为的人尤其具有攻击性,并与情境相结合,可能导致暴力的恶性循环。更好地控制自己的愤怒以及敌对性归因的批判性质疑,代表了如何减少攻击行为的适当的出发点。

推荐阅读

Anderson, C. A. & Bushman, B. J. (2002). Human aggression. *Annual*

Review of Psychology, 53, 27-51.

Anderson, C. A., Gentile, D. A. & Buckley, K. E. (2007). *Violent video game effects on children and adolescents: Theory, research, and public policy*. Oxford University Press.

Krahé, B. (2001). *The social psychology of aggression*. Hove: Psychology Press.

Nisbett, R. E. & Cohen, D. (1996). *Culture of honor: The psychology of violence in the South*. Boulder, CO: Westview.

自我评估问题

1. 评估挫折攻击假设。
2. 讨论 Berkowitz 的认知新联想模式。
3. 你如何评估媒体暴力对攻击行为的影响?
4. 敌对性归因如何助长暴力恶性循环的发展?
5. 一般攻击模型如何解释攻击的发生?
6. 减少攻击的最有效措施是什么?
7. 为什么你认为实施激进的冲动(宣泄)并不会减少攻击性,反而会增加攻击性?

参考文献

Ajzen, I. (1985). From intentions to actions: A theory of planned behavior. In J. Kuhl & J. Beckman (Hrsg.), *Action control: From cognition to behavior* (S. 11–39). New York: Springer.

Ajzen, I. (1988). *Attitudes, personality, and behavior.* Milton-Keynes, England: Open University Press & Chicago, IL: Dorsey Press.

Ajzen, I. (1991). The theory of planned behavior. *Organizational Behavior and Human Decision Processes, 50,* 179–211.

Ajzen, I. & Fishbein, M. (1977). Attitude-behavior relations: A theoretical analysis and review of empirical research. *Psychological Bulletin, 84,* 888–918.

Allen, V. L. (1975). Social support for nonconformity. In L. Berkowitz (Hrsg.), *Advances in experimental social psychology* (S. 1–43). New York: Academic Press.

Allport, G. W. (1954a). *The nature of prejudice.* Reading, MA: Addison-Wesley.

Allport, G. W. (1954b). The historical background of modern social psychology. In G. Lindzey, (Hrsg.), *Handbook of social psychology* (Bd. 1, S. 3–56). Reading, MA: Addison-Wesley.

Anderson, C. A. (2001). Heat and violence. *Current Directions in Psychological Science, 10,* 33–38.

Anderson, C. A., Anderson, K. B., Dorr, N., DeNeve, K. M. & Flanagan, M. (2000). Temperature and aggression. In M. Zanna (Hrsg.), *Advances in experimental social psychology* (S. 63–133). New York: Academic Press.

Anderson, C. A., Buckley, K. E. & Carnagey, N. L. (2008). Creating your own hostile environment: A laboratory examination of trait aggression and the violence escalation cycle. *Personality and Social Psychology Bulletin, 34,* 462–473.

Anderson, C. A. & Bushman, B. J. (2002). Human aggression. *Annual Review of Psychology, 53,* 27–51.

Anderson, C. A. & Dill, K. E. (2000). Video games and aggressive thoughts, feelings, and behavior in the laboratory and in life. *Journal of Personality and Social Psychology, 78,* 772–790.

Armitage, C. J. & Conner, M. (2001). Efficacy of the theory of planned behaviour: A meta-analytic review. *British Journal of Social Psychology, 40,* 471–499.

Aron, A., Dutton, D. G., Aron, E. N. & Iverson, A. (1989). Experiences of falling in love. *Journal of Social and Personal Relationships, 6,* 243–257.

Aronson, E. & Carlsmith, J. M. (1963). Effects of severity of threat in the devaluation of forbidden behavior. *Journal of Abnormal and Social Psychology, 66,* 584–588.

Aronson, E. & Mills, J. (1959). The effect of severity of initiation on liking for a group. *Journal of Abnormal and Social Psychology, 59,* 177–181.

Asch, S. (1946). Forming impressions of personality. *Journal of Abnormal and Social Psychology, 41,* 258–290.

Asch, S. E. (1951). Effects of group pressure upon the modification and distortion of judgement. In H. Guetzkow (Hrsg.), *Groups, leadership, and men* (S. 177–190). Pittsburgh: Carnegie Press.

Bandura, A., Ross, D. & Ross, S. (1961). Transmission of aggression through imitation of aggressive models. *Journal of Abnormal and Social Psychology, 63,* 575–582.

Bargh, J. A., Chen, M. & Burrows, L. (1996). Automaticity of social behavior: Direct effects of trait construct and stereotype activation on action. *Journal of Personality and Social Psychology, 71,* 230–244.

Baron, R. S., Vandello, J. & Brunsman, B. (1996). The forgotten variable in conformity research: Impact of task importance on social influence. *Journal of Personality and Social Psychology, 71,* 915–927.

Batson, C. D. (1991). *The altruism question: Toward a social-psychological answer.* Hillsdale, NJ: Erlbaum.

Batson, C. D., Schoenrade, P. A. & Ventis, L. W. (1993). *Religion and the individual: A social-psychological perspective.* Oxford, England: University Press.

Baumeister, R. F., Campbell, J. D., Krueger, J. I. & Vohs, K. D. (2003). Does high self-esteem cause better performance interpersonal success, happiness, or healthier lifestyles? *Psychological Science in the Public Interest, 4,* 1–44.

Baumeister, R. F., Gailliot, M., DeWall, C. N. & Oaten, M. (2006). Self-regulation and personality: How interventions increase regulatory success, and how depletion moderates the effects of traits on behavior. *Journal of Personality, 74,* 1773–1801.

Baumeister, R. F. & Leary, M. R. (1995). The need to belong: Desire for interpersonal attachments as a fundamental human motivation. *Psychological Bulletin, 117,* 497–529.

Beaman, A., Barnes, P. J., Klentz, B. & McQuirk, B. (1978). Increasing helping rates through information dissemination: Teaching pays. *Personality and Social Psychology Bulletin, 4,* 406–411.

Bem, D. J. (1972). Self-perception theory. In L. Berkowitz (Hrsg.), *Advances in experimental social psychology* (S. 1–62). New York: Academic Press.

Benson, A. A., Karabenick, S. A. & Lerner, R. M. (1976). Pretty pleases: The effects of physical attractiveness, race, and sex on receiving help. *Journal of Experimental Social Psychology, 12,* 409–415.

Berkowitz, L. (1990). On the formation and regulation of anger and aggression: A cognitive-neoassociationistic analysis. *American Psychologist, 45,* 494–503.

Berscheid, E & Walster, E. (1974). Physical attractiveness. In L. Berkowitz (Hrsg.), *Advances in experimental social psychology* (S. 157–215). San Diego, CA: Academic Press.

Bettencourt, B. A. & Miller, N. (1996). Gender differences in aggression as a function of provocation: A meta-analysis. *Psychological Bulletin, 119,* 422–447.

Burger, J. M. (2009). Replicating Milgram. Would people still obey today? *American Psychologist, 64,* 1–11.

Burnstein, E., Crandall, C. & Kitayama, S. (1994). Some neo-Darwinian rules for altruism: Weighing cues for inclusive fitness as a function of the biological importance of the decision. *Journal of Personality and Social Psychology, 67,* 773–789.

Bushman, B. J. (2002). Does venting anger feed or extinguish the flame? Catharsis, rumination, distraction, anger, and aggressive responding. *Personality and Social Psychology Bulletin, 28,* 724–731.

Bushman, B. J. & Huesmann, L. R. (2006). Short-term and long-term effects of violent media on aggression in children and adults. *Archives of Pediatrics and Adolescent Medicine, 160,* 348–352.

Buss, D. M. (2008). *Evolutionary psychology: The new science of the mind* (3. Aufl.). Boston, MA: Allyn & Bacon.

Buss, D. M. & Barnes, M. F. (1986). Preferences in human mate selection. *Journal of Personality and Social Psychology, 50,* 559–570.

Byrne, D. (1971). *The attraction paradigm.* New York: Academic Press.

Caldwell, M. A. & Peplau, L. A. (1982). Sex differences in same-sex friendships. *Sex Roles, 8,* 721–732.

Carlson, M., Charlin, V. & Miller, N. (1988). Positive mood and helping behavior: A test of six hypotheses. *Journal of Personality and Social Psychology, 55,* 211–229.

Carlson, M. & Miller, N. (1987). Explanation of the relation between negative mood and helping. *Psychological Bulletin, 102,* 91–108.

Chaiken, S., Liberman, A. & Eagly, A. H. (1989). Heuristic and systematic processing within and beyond the persuasion context. In J. S. Uleman & J. A. Bargh (Hrsg.), *Unintended thought* (S. 212–252). New York: Guilford Press.

Cialdini, R. B., Borden, R. J., Thorne, A., Walker, M. R., Freeman, S. & Sloan, L. R. (1976). Basking in reflected glory: Three (football) field studies. *Journal of Personality and Social Psychology, 34,* 366–375.

Cohen, D., Nisbett, R. E., Bowdle, B. F. & Schwarz, N. (1996). Insult, aggression, and the Southern culture of honor: An „experimental ethnography." *Journal of Personality and Social Psychology, 70,* 945–960.

Cohen, J. (1988). *Statistical power analysis for the behavioral sciences* (2. Aufl.). Hillsdale, NJ: Lawrence Erlbaum Associates.

Correll, J., Park, B., Judd, C. M. & Wittenbrink, B. (2002). The police officer's dilemma: Using ethnicity to disambiguate potentially threatening individuals. *Journal of Personality and Social Psychology, 83,* 1314–1329.

Crick, N. R. & Dodge, K. A. (1994). A review and reformulation of social information-processing mechanisms in children's social adjustment. *Psychological Bulletin, 115,* 74–101.

Cross, J. F. & Cross, J. (1971). Age, sex, race and the perception of facial beauty. *Developmental Psychology, 5,* 433–439.

Darley, J. M. & Gross, P. H. (1983). A hypothesis-confirming bias in labeling effects. *Journal of Personality and Social Psychology, 44,* 20–33.

Davidson, A. R. & Jaccard, J. J. (1979). Variables that moderate the attitude– behavior relation: Results of a longitudinal survey. *Journal of Personality and Social Psychology, 37,* 1364–1376.

Diehl, M. & Stroebe, W. (1987). Productivity loss in brainstorming groups: Toward the solution of a riddle. *Journal of Personality and Social Psychology, 53,* 497–509.

Dion, K. K., Berscheid, E. & Walster, E. (1972). What is beautiful is good? *Journal of Personality and Social Psychology, 24,* 285–290.

Dollard, J., Doob, L., Miller, N., Mowrer, O. H. & Sears, R. (1939). *Frustration and aggression.* New Haven, CT: Yale University Press.

Dovidio, J. F., Gaertner, S. L., Validzic, A., Matoka, K., Johnson, B. & Frazier, S. (1997). Extending the benefits of recategorization: Evaluation, self-disclosure, and helping. *Journal of Experimental Social Psychology, 33,* 401–420.

Eagly, A. H. (2009). The his and hers of prosocial behavior: An examination of the social psychology of gender. *American Psychologist, 64,* 644–658.

Eagly, A. H., Ashmore, R. D, Makhijani, M. G. & Longo, L. C. (1991). What is beautiful is good, but …: A meta-analysis of research on the physical attractiveness stereotype. *Psychological Bulletin, 110,* 109–128.

Eagly, A. H., Makhijani, M. G. & Klonsky, B. G. (1992). Gender and the evaluation of leaders: A meta-analysis. *Psychological Bulletin, 111,* 3–22.

Eagly, A. H. & Wood, W. (1999). The origins of sex differences in human behavior: Evolved dispositions versus social roles. *American Psychologist, 54,* 408–423.

Edwards, K. & Smith, E. E. (1996). A disconfirmation bias in the evaluation of arguments. *Journal of Personality and Social Psychology, 71*, 5–24.

Eisenberger, N. I., Lieberman, M. D. & Williams, K. D. (2003). Does rejection hurt? An fMRI study of social exclusion. *Science, 302*, 290–292.

Englich, B., Mussweiler, T. & Strack, F. (2006). Playing dice with criminal sentences: The influence of irrelevant anchors on experts' judicial decision making. *Personality and Social Psychology Bulletin, 32*, 188–200.

Fein, S. & Spencer, S. J. (1997). Prejudice as self-image maintenance: Affirming the self through derogating others. *Journal of Personality and Social Psychology, 73*, 31–44.

Feingold, A. (1990). Gender differences in effects of physical attractiveness on romantic attraction: A comparison across five research paradigms. *Journal of Personality and Social Psychology, 59*, 981–993.

Feingold, A. (1992). Good-looking people are not what we think. *Psychological Bulletin, 111*, 304–341.

Festinger, L. (1957). *A theory of cognitive dissonance.* Stanford, CA: Stanford University Press.

Festinger, L. & Carlsmith, J. M. (1959). Cognitive consequences of forced compliance. *Journal of Abnormal and Social Psychology, 58*, 203–211.

Festinger, L. Schachter, S. & Back, K. W. (1950). *Social pressures in informal groups: A study of human factors in housing.* New York: Harper.

Fischhoff, R. (1975). Hindsight? foresight: The effect of outcome knowledge on judgement under uncertainty. *Journal of Experimental Psychology, Human Perception & Performance, 1*, 288–299.

Fiske, S. T. & Taylor, S. T. (1991). *Social cognition* (2. Aufl.). New York: McGraw-Hill.

Frank, M. G. & Gilovich, T. (1988). The dark side of self and social perception: Black uniforms and aggression in professional sports. *Journal of Personality and Social Psychology, 54*, 74–85.

Gailliot, M. T. & Baumeister, R. F. (2007). The physiology of willpower: Linking blood glucose to self-control. *Personality and Social Psychology Review, 11*, 303–327.

Gentile, B., Twenge, J. M. & Campbell, W. K. (2010). Birth cohort differences in self-esteem, 1988–2008: A cross-temporal meta-analysis. *Review of General Psychology, 14*, 261–268.

Gigerenzer, G. (2002). Das Einmaleins der Skepsis: Über den richtigen Umgang mit Zahlen und Risiken. Berlin: Berlin Verlag.

Gigone, D. & Hastie, R. (1993). The common knowledge effect: Information sharing and group judgment. *Journal of Personality and Social Psychology, 65*, 959–974.

Gilbert, D. T. & Malone, P. S. (1995). The correspondence bias. *Psychological Bulletin, 111*, 21–38.

Gilovich, T., Medvec, V. H. & Savitsky, K. (2000). The spotlight effect in social judgment: An egocentric bias in estimates of the salience of one's own actions and appearance. *Journal of Personality and Social Psychology, 78*, 211–222.

Gilovich, T., Savitsky, K. & Medvec, V. H. (1998). The illusion of transparency: Biased assessments of others' ability to read our emotional states. *Journal of Personality and Social Psychology, 75*, 332–346.

Greenwald, A. G., McGhee, D. E. & Schwartz, J. L. K. (1998). Measuring individual differences in implicit cognition: The implicit association test. *Journal of Personality and Social Psychology, 74*, 1464–1480.

Greenwald, A. G., Poehlman, T. A., Uhlmann, E. & Banaji, M. R. (2009). Understanding and using the Implicit Association Test: III. Meta-analysis of predictive validity. *Journal of Personality and Social Psychology, 97*, 17–41.

Greitemeyer, T. (2011). Effects of prosocial media on social behavior: When and why does media exposure affect helping and aggression. *Current Directions in Psychological Science, 20*, 251–255.

Greitemeyer, T. & Schulz-Hardt, S. (2003). Preference-consistent evaluation of information in the hidden profile paradigm: Beyond group-level explanations for the dominance of shared information in group decisions. *Journal of Personality and Social Psychology, 84*, 322–339.

Haney, C., Banks, W. C. & Zimbardo, P. G. (1973). Study of prisoners and guards in a simulated prison. *Naval Research Reviews, 9*, 1–17. Washington, DC: Office of Naval Research.

Hassebrauck, M. (1983). Die Beurteilung der physischen Attraktivität: Konsens unter Urteilern? *Zeitschrift für Sozialpsychologie, 14*, 152–161.

Heider, F. (1958). *The psychology of interpersonal relations*. New York: Wiley.

Henss, R. (1992). „Spieglein, Spieglein an der Wand .... Geschlecht, Alter und physische Attraktivität. Weinheim: Psychologie Verlags Union.

Higgins, E. T., Rholes, W. S. & Jones, C. R. (1977). Category accessibility and impression formation. *Journal of Experimental Social Psychology, 13*, 141–154.

Hill, G. W. (1982). Group versus individual performance. *Psychological Bulletin, 91*, 517–539.

Hodson, G. (2011). Do ideologically intolerant people benefit from intergroup contact? *Current Directions in Psychological Science, 20*, 154–159.

Hodson, G., Hooper, H., Dovidio, J. F. & Gaertner, S. L. (2005). Aversive racism in Britain: Legal decisions and the use of inadmissible evidence. *European Journal of Social Psychology, 35*, 437–448.

Hollander, E. P. (1958). Conformity, status, and idiosyncrasy credits. *Psychological Review, 65,* 117–127.

Huesmann, L. R., Moise-Titus, J., Podolski, C. L. & Eron, L. D. (2003). Longitudinal relations between children's exposure to TV violence and their aggressive and violent behavior in young adulthood: 1977–1992. *Developmental Psychology, 39,* 201–221.

Janis, I. L. (1982). *Groupthink* (2., erw. Aufl.). Boston: Houghton Mifflin.

Johns, M., Schmader, T. & Martens, A. (2005). Knowing is half the battle: Teaching stereotype threat as a means of improving women's math performance. *Psychological Science, 16,* 175–179.

Jones, E. E. & Harris, V. A. (1967). The attribution of attitudes. *Journal of Experimental Social Psychology, 3,* 1–24.

Jussim, L. & Harber, K. (2005). Teacher expectations and self-fulfilling prophecies: Known and unknowns, resolved and unresolved controversies. *Personality and Social Psychology Review, 9,* 131–155.

Isen, A. M. & Levin, P. F. (1972). Effect of feeling good on helping: Cookies and kindness. *Journal of Personality and Social Psychology, 21,* 344–348.

Kelley, H. H. (1950). The warm-cold variable in first impressions of persons. *Journal of Personality, 18,* 431–439.

Kelley, H. H. (1973). Process of causal attribution. *American Psychologist, 28,* 107–128.

Kraus, S. J. (1995). Attitudes and the prediction of behavior: A meta-analysis of the empirical literature. *Personality and Social Psychology Bulletin, 21,* 58–75.

Langlois, J. H., Kalakanis, L., Rubenstein, A. J., Larson, A., Hallam, M. & Smoot, M. (2000). Maxims or myths of beauty? A meta-analytic and theoretic review. *Psychological Bulletin, 26,* 390–423.

Latané, B. & Darley, J. M. (1970). *The unresponsive bystander: Why doesn't he help?* New York, NY: Appleton-Century-Croft.

Latané, B. & Nida, S. (1981). Ten years of research on group size and helping. *Psychological Bulletin, 89,* 308–324.

Latané, B. & Wolf, S. (1981). The social impact of majorities and minorities. *Psychological Review, 88,* 438–453.

Leary, M., Kowalski, R. M., Smith, L. & Phillips, S. (2003). Teasing, rejection, and violence: Case studies of the school shootings. *Aggressive Behavior, 29,* 202–214.

Lenhart, A., Kahne, J., Middaugh, E., Macgill, A. R., Evans, C. & Vitak, J. (2008). *Teens, video games, and civics* (Report No. 202-415-4500). Washington, DC: Pew Internet and American Life Project.

Levine, R. V., Martinez, T. S., Brase, G. & Sorenson, K. (1994). Helping in 36 U.S. cities. *Journal of Personality and Social Psychology, 67,* 69–82.

Lord, C. G., Ross, L. & Lepper, M. R. (1979). Biased assimilation and attitude polarization: The effects of prior theories on subsequently considered evidence. *Journal of Personality and Social Psychology, 37,* 2098–2109.

Markey, P. M. (2000). Bystander intervention in computer-mediated communication. *Computers in Human Behavior, 16,* 183–188.

McFarlin, D. B., Baumeister, R. F. & Blascovich, J. (1984). On knowing when to quit: Task failure, self-esteem, advice, and nonproductive persistence. *Journal of Personality, 52,* 138–155.

Michaels, J. W., Blommel, J. M., Brocato, R. M., Linkous, R. A. & Rowe, J. S. (1982). Social facilitation and inhibition in a natural setting, *Replications in Social Psychology, 2,* 21–24.

Milgram, S. (1993). *Das Milgram Experiment. Zur Gehorsamsbereitschaft gegenüber Autorität.* Reinbeck: Rowohlt.

Mojzisch, A. & Schulz-Hardt, S. (2006). Information sampling in group decision making: Sampling biases and their consequences. In K. Fiedler & P. Juslin (Hrsg.), *Information sampling and adaptive cognition* (S. 299–325). Cambridge: Cambridge University Press.

Moreland, R. L. & Beach, S. (1992). Exposure effects in the classroom: The development of affinity among students. *Journal of Experimental Social Psychology, 28,* 255–276.

Moscovici, S. (1985). Social influence and conformity. In G. Lindzey & E. Aronson (Hrsg.), *The handbook of social psychology* (Bd. 2, S. 347–412). New York: Random House.

Moscovici, S., Lage, E. & Naffrechoux, M. (1969). Influence of a consistent minority on the responses of a majority in a color perception task. *Sociometry, 32,* 365–380.

Moscovici, S. & Zavalloni, M. (1969). The group as a polarizer of attitudes. *Journal of Personality and Social Psychology, 12,* 125–135.

Muraven, M. R. & Baumeister, R. F. (2000). Self-regulation and depletion of limited resources: Does self-control resemble a muscle? *Psychological Bulletin, 126,* 247–259.

Muraven, M., Shmueli, D. & Burkley, E. (2006). Conserving self-control strength. *Journal of Personality and Social Psychology, 91,* 524–537.

Murstein, B. I. & Christy, P. (1976). Physical attractiveness and marriage adjustment in middle-aged couples. *Journal of Personality and Social Psychology, 34,* 537–542.

Nadler, A., Shapira, R. & Ben-Itzhak, S.(1982). Good looks may help: Effects of sex of helper and physical attractiveness of helper on males and females help seeking behavior *Journal of Personality and Social Psychology, 42,* 90–99.

Nemeth, C. (1986). Differential contributions of majority and minority influence processes. *Psychological Review, 93,* 10–20.

Newcomb, T. M. (1961). *The acquaintance process.* New York: Holt Rinehart & Winston.

North, A. C., Hargreaves, D. J. & McKendrick, J. (1999). The influence of in-store music on wine selections. *Journal of Applied Psychology, 84,* 271–276.

Nuttin, J. M. (1985). Narcissism beyond Gestalt and awareness: The name letter effect. *European Journal of Social Psychology, 15,* 353–361.

Oishi, S., Rothman, A. J., Snyder, M., Su, J., Zehm, K., Hertel, A. W., Gonzales, M. H. & Sherman, G. D. (2007). The socioecological model of procommunity action: the benefits of residential stability. *Journal of Personality and Social Psychology, 93,* 831–844.

Pelham, B. W., Carvallo, M. & Jones, J. T. (2005). Implicit egoism. *Current Directions in Psychological Science, 14,* 106–110.

Pettigrew, T. F. (1998). Intergroup contact theory. *Annual Review of Psychology, 49,* 65–85.

Pettigrew, T. F. & Tropp, L. R. (2006). A meta-analytic test of intergroup contact theory. *Journal of Personality and Social Psychology, 90,* 751–783.

Petty, R. E. & Cacioppo, J. T. (1986). The elaboration likelihood model of persuasion. In L. Berkowitz (Hrsg.), *Advances in experimental social psychology* (S. 123–205). New York: Academic Press.

Phillips, D. P. (1983). The impact of mass media violence on US homicides. *American Sociological Review, 48,* 560–568.

Ringelmann, M. (1913). Research on animate sources of power: The work of man. *Annales de l'Institut National Agronomique, 2e serie-tome XII,* 1–40.

Rosenberg, M. (1965). *Society and the adolescent self-image.* Princeton, New Jersey: Princeton University Press.

Rosenthal, R. & Jacobson, L. (1968). *Pygmalion in the classroom: Teacher expectation and pupils' intellectual development.* New York: Holt Rinehart & Winston.

Ross, L. (1977). The intuitive psychologist and his shortcomings. In L. Berkowitz (Hrsg.), *Advances in experimental social psychology* (S. 173–220). New York: Academic Press.

Ross, L., Lepper, M. R. & Hubbard, M. (1975). Perseverance in self-perception and social perception: Biased attributional processes in the debriefing paradigm. *Journal of Personality and Social Psychology, 32,* 880–892.

Rudman, L. A. & Kilianski, S. E. (2000). Implicit and explicit attitudes toward female authority. *Personality and Social Psychology Bulletin, 26,* 1315–1328.

Rusbult, C. E. (1983). A longitudinal test of the investment model: The development (and deterioration) of satisfaction and commitment in heterosexual involvements. *Journal of Personality and Social Psychology, 45,* 101–117.

Scheib, J. E., Gangestad, S. W. & Thornhill, R. (1999). Facial attractiveness, symmetry and cues of good genes. *Proceedings of the Royal Society of London*, B, 266, 1913–1918.

Schmeichel, B. J., Vohs, K. D. & Baumeister, R. F. (2003). Intellectual performance and ego depletion: Role of the self in logical reasoning and other information processing. *Journal of Personality and Social Psychology, 85,* 33–46.

Sherif, M., Harvey, O. J., White, B. J., Hood, W. R. & Sherif, C. W. (1961). *Intergroup cooperation and competition: The Robbers Cave experiment.* Norman, OK: University Book Exchange.

Shepperd, J. A. (1993). Productivity loss in performance groups: A motivation analysis. *Psychological Bulletin, 113,* 67–81.

Shih, M., Pittinsky, T. & Ambady, N. (1999). Stereotype susceptibility: Identity salience and shifts in quantitative performance. *Psychological Science, 10,* 80–83.

Snyder, M. & Swann, W. B. (1978). Behavioral confirmation in social interaction: From social perception to social reality. *Journal of Experimental Social Psychology, 14,* 148–162.

Snyder, M., Tanke, E. D. & Berscheid, E. (1977). Social perception and interpersonal behavior: On the self-fulfilling prophecies nature of social stereotypes. *Journal of Personality and Social Psychology, 35,* 656–666.

Spencer, S. J., Steele, C. M. & Quinn, D. M. (1999). Stereotype threat and women's math performance. *Journal of Experimental Social Psychology, 35,* 4–28.

Sprecher, S. (2001). Equity and social exchange in dating couples: Associations with satisfaction, commitment, and stability. *Journal of Marriage and the Family, 63,* 599–613.

Stasser, G. (1988). Computer simulation as a research tool: The DISCUSS model of group decision making. *Journal of Experimental Social Psychology, 24,* 393–422.

Steele, C. M. (1997). A threat in the air: How stereotypes shape intellectual identity and performance. *American Psychologist, 52,* 613–629.

Steele, C. M. & Aronson, J. (1995). Contending with a stereotype: African-American intellectual test performance and stereotype threat. *Journal of Personality and Social Psychology, 69,* 797–811.

Stephan, W. G. (1986). The effects of school desegregation: An evaluation 30 years after Brown. In M. Saks & L. Saxe. (Hrsg.) *Advances in applied social psychology* (S. 181-206). New York: Erlbaum.

Sternberg, R. J. (1986). A triangular theory of love. *Psychological Review, 93,* 119–135.

Strack, F. & Deutsch, R. (2004). Reflective and impulsive determinants of social behavior. *Personality and Social Psychology Review, 8,* 220–247.

Tajfel, H. & Turner, J. C. (1986). The social identity theory of intergroup behavior. In S. Worchel & L. W. Austin (Hrsg.), *Psychology of intergroup relations* (S. 7–24). Chicago: Nelson-Hall.

Tangney, J. P., Baumeister, R. F. & Boone, A. L. (2004). High self-control predicts good adjustment, less pathology, better grades, and interpersonal success. *Journal of Personality, 72,* 271–324.

Thibaut, J. W. & Kelley, H. H. (1959). *The social psychology of groups.* New York: Wiley.

Toi, M. & Batson, C D. (1982). More evidence that empathy is a source of altruistic motivation. *Journal of Personality and Social Psychology, 43,* 281–292.

Triplett, N. D. (1898). The dynamogenic factor in pace making and competition. *American Journal of Psychology, 9,* 507–533.

Tversky, A. & Kahneman, D. (1974). Judgment und uncertainty: Heuristics and biases. *Science, 185,* 1124–1131.

Tversky, A. & Kahneman, D. (1982). Judgments of and by representativeness. In D. Kahneman, P. Slovic & A. Tversky (Hrsg.), *Judgment under uncertainty: Heuristics and biases* (S. 84–98). Cambridge: Cambridge University Press.

Twenge, J. M. & Campbell, W. K. (2001). Age and birth cohort differences in self-esteem: A cross-temporal meta-analysis. *Personality and Social Psychology Review, 5,* 321–344.

Twenge, J. M. & Crocker, J. (2002). Race and self-esteem: Meta-analyses comparing Whites, Blacks, Hispanics, Asians, and American Indians and comment on Gray-Little and Hafdahl (2000). *Psychological Bulletin, 128,* 371–408.

Walster, E., Walster, G. W. & Berscheid, E. (1978). *Equity: Theory and research.* Boston: Allyn and Bacon.

Weiner, B. (1986). *An attributional theory of motivation and emotion.* New York: Springer.

Weiner, B. (1995). *Judgments of responsibility: A foundation for a theory of social conduct.* New York: Guilford.

Wicker, A. W. (1969). Attitude versus actions: The relationship of verbal and overt behavioral responses to attitude objects. *Journal of Social Issues, 25,* 41–78.

Wilkinson, R. G. & Pickett, K. E. (2009). *The spirit level: Why more equal societies almost always do better.* London: Penguin.

Williams, K. D. (2009). Ostracism: A temporal need-threat model. In M. Zanna (Hrsg.), *Advances in experimental social psychology* (S. 279–314). New York: Academic Press.

Wilson, T. D. & Gilbert, D. T. (2003). Affective forecasting. In M. Zanna (Hrsg.), *Advances in experimental social psychology* (S. 345–411). New York: Elsevier.

Wilson, T. D., Wheatley, T. P., Meyers, J. M., Gilbert, D. T. & Axsom, D. (2000). Focalism: A source of durability bias in affective forecasting. *Journal of Personality and Social Psychology, 78,* 821–836.

Wong, P. T. P. & Weiner, B. (1981). When people ask „why" questions, and the heuristics of attributionale search. *Journal of Personality and Social Psychology, 40,* 650–663.

Wood, W., Lundgren, S., Ouelette, J. A. & Poole, M. S. (1994). Minority influence: A meta-analytic review of social influence processes. *Psychological Bulletin, 115,* 323–345.

Word, C. O., Zanna, M. P. & Cooper, J. (1974). The nonverbal mediation of self-fulfilling prophecies in interracial interaction. *Journal of Experimental Social Psychology, 10,* 109–120.

Zajonc, R. B. (1965). Social facilitation. *Science, 149,* 269–274.

Zajonc, R. B. (1968). Attitudinal effects of mere exposure. *Journal of Personality and Social Psychology, Monograph Supplement, 9,* 1–27.

图书在版编目(CIP)数据

社会心理学 / (德)托比亚斯·格赖特迈尔著；陆丽娟译
.—上海：上海社会科学院出版社，2020
 ISBN 978-7-5520-3047-1

Ⅰ.①社… Ⅱ.①托… ②陆… Ⅲ.①社会心理学—研究
Ⅳ.①C912.6-0

中国版本图书馆 CIP 数据核字(2020)第 098034 号

Sozialpsychologie ©2012 W. Kohlhammer GmbH Stuttgart, 1st edition 2012.

上海市版权局著作权合同登记号：图字 09-2013-578 号

社会心理学

著　者：(德)托比亚斯·格赖特迈尔
译　者：陆丽娟
责任编辑：赵秋蕙
封面设计：黄婧昉
出版发行：上海社会科学院出版社
　　　　　上海顺昌路 622 号　邮编 200025
　　　　　电话总机 021-63315947　销售热线 021-53063735
　　　　　http://www.sassp.cn　E-mail: sassp@sassp.cn
排　版：南京展望文化发展有限公司
印　刷：上海信老印刷厂
开　本：787 毫米×1092 毫米　1/16
印　张：9.75
字　数：145 千字
版　次：2020 年 3 月第 1 版　2020 年 3 月第 1 次印刷

ISBN 978-7-5520-3047-1/C·198　　　　　定价：68.00 元

版权所有　翻印必究